日韓潜流

韓国人のリアルボイスを聞け

櫻井庸子［編］

伏流社

はじめに

あるきっかけから、日韓問題に関心を持ちはじめ、日本と韓国でインタビューを行うため、私は旅に出かけた。ソウル、済州道、北海道、東京、鹿児島、沖縄と各地を訪ね歩いた。いただいた名刺の数は二百枚近くにのぼる。本書は、朝鮮半島出身者、一二名の方々へのインタビューの記録である（掲載順は、インタビューを行った日時による）。

日本と韓国の間でとりわけ問題となっているのは、①靖国問題、②教科書問題、③領土問題、そして④慰安婦問題である。加えて、在日という存在だ。何が問題になっているのか、なぜ問題になっているのか、いかにすれば解決できるのか、これらを探求するために、私は聞き取りをはじめた。私は日韓関係の専門家ではない。一から学び、インタビューの中で勉強させていただいた。私が素人だったからこそ、語っていただけたこともあったと思う。

お話を伺ったのは、いわゆる知識人の方から、市井の生活者まで、様々な立場の方々である。心置きなく、自由に語っていただこうと考えた。インタビュイー（インタビューの語り手）の皆さんは、真摯に自らの問題意識と向き合い、日韓問題を憂慮しつつ、非常に具体的に、かつ詳細に答えてくださった。また様々なご意見、提言もいただいた。

私たちがまず念頭に置かなければならないのは、韓国は現在もなお戦時下にあるということだ。ソウルの街を歩いていると、外観こそ日本と変わらないが、現実に韓国は、休戦中とはいえ、いまだ戦時下にある。したがって兵役があり、有事には滑走路に用いる広い道路が縦横に走っている。出会った方々はこのことを、戦争の恐怖を心の内に秘めて暮らしているのだ。そのことがわかった。そして、多くの韓国の人々が、朝鮮半島の統一を切に願っている。今後歴史がどのように進むかはわからないが、韓国のこの状況を決して忘れてはならない。

異なる意見の人々が語ったそれぞれの言葉に、できるだけ先入観を交えずに耳を傾け、書き留めようと心した。長期に及ぶインタビューを続けることができたのは、ソクラテスがアテナイの人々と対話したという故事にならったからだ。生い立ちから始まり古い記憶にまで遡り、これまで体験してきたことをつぶさに語っていただいた。それを通じて、どのように思想が形成されたのかを明らかにしたいと思った。タコツボ化する閉鎖的コミュニケーションから一歩踏み出すためにも、彼らの言葉に全霊で耳を傾けたつもりだ。同じはずの事象が、どのようにして異なった相貌で立ち現れてくるのかを、じっくりと味わっていただきたい。

目次

カバー装丁 山口真理子

朴　晋雨（パク・ジンウ）

淑明女子大学日本学科教授（日本近現代史専攻）。
1956年、テグ（大邱）生まれ。啓明大学史学科卒業、つくば大学地域研究科修士課程修了、一橋大学社会学研究科博士課程修了。

著書及び論文：『近代日本形成期の国家と民衆』J & C ソウル（2003)、『21世紀の天皇制と日本』論衡　ソウル(2006)、「天皇巡幸からみた天皇崇拝と民衆」（羽賀祥二編『幕末維新の文化』吉川弘文　2001、所収）、「象徴天皇制の〈平和〉イデオロギーと戦争責任」（君塚仁彦篇『平和概念の再検討と戦争遺跡』　明石書店　2006所収）、「3・11と象徴天皇制」　日本思想史研究会会報（2012）等。

孝昌公園を横目に見ながら、坂道を上がっていくと、坂の上に淑明女子大学（韓国の場合、正しくは大學校）がある。創立は一九〇六年、韓国初の民族女子私学だ。二〇二〇年、韓国初のトランスジェンダーの合格者が出たが、学生の反対にあい、入学を取りやめにしたことによって話題になった。[1]　正門をくぐり、階段を登っていくと池のある大きな中庭があり、ソウルタワーも見える。美しい学校だ。

インタビューのために、パク先生の研究室には三回ほどお邪魔した。研究者にとって時間は大切であるにも関わらず、延べ九時間以上に渡って貴重な時間を割いていただき、お話を伺うことができた。何かを研究することと、お金を稼ぐことは、もともと根にあるものが違うかもしれない。研究とは自分の時間もエネルギーもすべてをかけて、命がけでやりたいことをやることだ。

パク先生は、日本への留学経験があり、日本語も堪能で、日本語での執筆も多い。したがって研究室の本棚には、天皇制に関する日本語の書籍、日本史に関する専門書がぎっしりと並べられている。また、淑明女子大学の学生を、姉妹校である甲南女子大学へ毎年連れていくという。ある意味で、日本人以上に日本のことをよく知る碩学《せきがく》に、日韓関係への提言を頂き、韓国でのインタビューの第一歩を踏み出した。

インタビューは、二〇一五年七月一八日、淑明女子大学（ソウル）の研究室で、日本語で行われた。

生い立ちに韓国の歴史を重ねて

朴　小学校に入る前に四・一九革命と五・一六クーデターが起こりましたが、それに関する記憶はありません。小学三年生の時、ハワイに亡命していたイ・スンマン（李承晩）が死亡したことを伝える、ラジオのニュースを聞いた覚えがあります。同じ頃にあった日韓国交正常化に反対するデモについては、かすかな記憶しか残っていません。小学五年生の時、「我々は民族中興の歴史的な使命をもってこの地に生まれた……」という文章で始まる「国民教育憲章」がつくられました。それを実践するために努力するのは、「国民の義務」であると教えられました。暗誦も義務づけられました。実はそれは日本の「教育勅語」をモデルにしたものでした。

小学生の頃、ベトナム戦争に送られた兵士たちに何度も慰問の手紙を送りました。中学生の頃まで続いたと思います。友人の兄がベトナム戦争で負傷兵として帰還したのを覚えています。ベトナム戦争で英雄的に戦死した中学の先輩のリ・インホ少佐を顕彰するために、学校では寄付金を集めました。私も親から貰って、五百ウォンを出しました。学校の正門の前には彼の碑石が建てられ、毎日登校時にはその碑石に向かって挙手敬礼をしたものでした。

高校生になり、毎週二時間、教練服に着替えて軍事訓練を受けました。背の高い生徒は韓国戦争の「六・二五」や国軍の日の「一〇・一」などの記念日に特別に選ばれ、市街行進のために数日間も訓練を受けていました。私も一年で一六センチ背が伸びたおかげで、その苦しい経験を味わいました。軍事教練は大学に入ってからも強要され、それを拒否した者は、優先的に軍隊に送られました。

高三だった一九七四年、パク・チョンヒ(朴 正熙)大統領夫人であるユク・ヨンス(陸 英修)が射殺された「文世光事件」を鮮明に覚えています。事件当時、真相が伝えられないまま、国民の「反日」に火をつけることになったからです。私たちも、後輩を動員して登校を拒否し、将《チャン》 忠《チュン》 壇《ダン》公園に集結して、三・一運動の歴史的な記念場であるパゴダ公園まで、「反日」デモ行進をしようとしました。途中で警察機動隊に阻止され、棍棒で撲られてばらばらと散らばって逃げながらも、ほとんどがパゴダ公園に集結しました。そこで私たちは「日の丸」を燃やし、日本を批判する掛け声を何度も叫んで、解散しました。

軍隊での経験

朴 大学に入ると、将来に対する設計よりも、まず解決しなければならない兵役義務が待っていました。一九七七年、私が軍隊に入った頃、民主化運動は、本格的に展開されるようになりました。独裁政権との鋭い緊張関係が続く中で、権力の中心部に亀裂が生じ、パク・チョンヒ政権が倒れました。一九七九年一〇月二六日、私はちょうど当直でした。その日の記憶は今も鮮明に残っています。パク・チョンヒが暗殺されてから急変した政治社会の情勢は、私の意識にも大きな変化をもたらしました。チョン・ドゥファン（全斗煥）の「一二・一二」クーデターによる権力の掌握や、一九八〇年五月の光州民主抗争に対する弾圧は、兵役満了を控えた私にとって、震撼させる事件でした。軍事訓練はいっそう強化され、毎日のように暴徒鎮圧のための厳しい訓練が繰り返されました。一度訓練をサボったとき、私は古参兵であったにもかかわらず、中隊長からひどい語調で叱責を受けました。さらに主任上士からは、夜遅くまで食事抜きにされた上、撲られました。当時は、古参兵でも例外はなかったのです。

兵役を終えて

朴　待ちに待った除隊は、一九八〇年六月でした。社会に戻っても、戒厳令が敷かれたままでした。復学のため大学に行くと、学内に入ることは許されませんでした。正門は、機関銃を構えた番兵や装甲車によって、閉鎖されていました。戒厳令が解かれ、復学が許されたのは、その九か月後の一九八一年三月でした。ちょうどそのあたりから、日本の歴史教科書問題で、反日感情がいっそう激しくなっていきました。テレビや新聞では、日本での在日に対する差別が度々報道されていました。「日本人乗車拒否」のステッカーを貼ったタクシーや、日本人客の出入りを拒否する食堂もありました。この頃、「日本のアジアに対する差別と蔑視の根源」に関心を持ち、「天皇制」の問題を研究したいと漠然と考えるようになりました。

韓国で民主化運動が激化していく中で、チョン・ドゥファンと昭和天皇との歴史的な乾杯があった一九八四年九月六日の直後に、日本に留学しました。私の小学生から大学生までの学生時代は、パク・チョンヒとチョン・ドゥファンの軍事独裁のもとで、「反共」と「反日」の教育と環境の中で成長してきた世代です。

反共・反日・反独裁

——この時代を生きた韓国の方々は、同じ経験をされたのですね。

朴　当時の私たちの世代は、遮断された情報空間の中で、強いられたイデオロギーを同じ感覚で共有しながら育っていきました。「反共」と「反日」に加えて、もう一つの「反」がついた「反独裁」を自覚的に意識し始めたのは、大学に入ってからのことです。ここで私たちは、それぞれ右か左か、あるいは中道かの立場に分かれました。いずれの立場であっても「反日」は、一つの大きな共通分母でした。日本に留学してから、「反日」が決して盲目的であったり、偏狭なナショナリズムであったりしてはならない、ということを自覚しました。

現在韓国で、日本史研究の中心的な役割をしている研究者の大多数は、私と同じ時期に日本へ留学した人たちです。それぞれ専門領域は異なるものの、自分なりに民族的な使命感のようなものを胸に抱いて、玄界灘を渡っていったのだと思います。私たちのほとんどは、反独裁闘争には身を投じませんでしたが、韓国の民主化を希求して、その運動を支持していました。人間にそれぞれに役割があるとすれば、私たちに与えられた役割は、朝鮮を植民地支配した日本の歴史を客観的に研究することによって、独裁権力のもとでつくられ、強いられた「反共」と「反日」のイデオロギーを解体し、正しい歴史観を確立することにあると、自らを励ましてきました。

——日本での留学はいかがでしたか？

朴　日本の天皇制を研究してみたいという漠然とした気持ちで日本留学を始めましたが、日本での膨大な天皇制研究の蓄積を見て、圧倒されてしまいました。特に近代天皇制については、講座派のマルクス主義歴史学での近代天皇制論をはじめとして、丸山学派の天皇制イデオロギー研究、一九六〇年代からの民衆思想史研究、一九七〇年代からの国家史、社会史、文化史での研究など、天皇制研究史の全体的な流れを把握するのにもかなりの時間がかかりました。今日、国民国家論とかポストモダニズムなどで、日本の戦後歴史学が転換期を迎えているとはいえ、やはりこれらの天皇制に関する先行的な研究は、依然として日本の戦後民主主義の貴重な遺産としての価値を持っています。

日本における戦後民主主義のための努力や研究成果にもかかわらず、近代天皇制研究においてアジアに対する視点が欠いているのは、いかにも不思議でした。アジアに対する軽視や差別には、日本の知識人の間に共通して見られる思想的な限界を感じました。彼らが天皇制批判を通じて追及したのは、近代日本の「前近代性」を克服するためであって、日本のアジアに対する差別や蔑視の根源を明らかにし、それを克服するためではありませんでした。マルクス主義歴史学でも、民衆思想史の研究でも、ほとんどが近代日本の「加害者」としての側面から目をそらしていた。私が天皇制の研究で国家の構造や支配階級の政治的な問題よりも、一般民衆の動向を主な分析対象にしたのは、国家論的な天皇制研究の壁があまりにも高かったからですが、より根本的には日本の「加害者」としての側面を、もっと明らかにしたかったからです。つまり、天皇制に対する民衆の「自発性」がいかに調達[2)]されたかを確認することによって、今日まで克服されずに続いている歴史歪曲と民族差別の根源的な問題点を明らかにしたかったのです。

昭和から平成へ

――留学中はちょうど元号が変わる時でしたが、何か印象に残っていることを教えていただけますか？

朴　昭和天皇が倒れ、日本列島は異常なまでの過剰自粛に陥っていました。それを直接目撃しながら、天皇制はもっと複雑で難しい研究対象であるような気がしてきました。昭和天皇の死を前後して、天皇制研究はいっそう活気づけられましたが、そのほとんどは、一国史の中での議論にとどまっているように見受けられました。もちろん一九八〇年代に入ってから部落問題をはじめとして、沖縄、アイヌ、在日、女性などの少数者に対する関心が増大したのは事実です。しかし、そうした研究の場合も、天皇制と「加害者」としての日本人という自覚に基づいて、「歴史に対して責任を負う」国民像を確立するという問題意識は、それほど明確ではなかったように思います。

帝国主義批判におけるパク・ユハ（朴裕河）氏との相違点

――加害者意識というと「帝国主義」への反省が考えられますが、パク・ユハ先生が『帝国の慰安婦』で、帝国主義批判をなさっています。同じお立場でしょうか？

朴　パク・ユハ（朴裕河）さんは、「日本は謝罪するまではやったんだから、これ以上私たちは謝罪しろと言うのは無理だから、それはやめてお互いに和解の道に行きましょう」と言っています。

私も、盲目的に日本に謝罪しろ、と言っているわけじゃない。一部の日本の知識人の中にも、歴史修正主義といって否定論者たちがいる。例えば、西尾幹二氏とか、漫画家の小林よしのり氏とか、あるいは櫻井よしこ氏とか、あるいは田母神俊雄氏、とかです。そういう人たちが言っていること、そういう右派の人たちが言っている歴史修正主義までも受け容れろとは、パク・ユハさんも言わないと思います。しかし、そういう歴史修正主義者たちの言説が、一般の日本国民の歴史認識に影響を与えている可能性があり、このことに対しては目をつぶってはいけない、というのが私の立場なんです。実際彼らが、煽動的にポピュリズム(populism)的に言っていることが影響を及ぼしていると、彼ら自身が言っています。そういうことを今の日本の政治家、特に右派の政治家は、安倍さんを含めて、そういう人たちの歴史認識と共有するところがある……。私は、そういうふうに思っているんです。

例えば二〇〇一年、小泉さんが首相になって以来、五回靖国神社へ参拝に行っているんですね。小泉さんは「靖国参拝は平和のための誓いだ。改めて平和の誓いをするために、戦没者に感謝する」と言う。パク・ユハさんは、小泉さんの言葉を「嘘じゃない。信じよう」と言うんですね。しかし、本当かどうかは、真実性が疑わしい、というのが私の見方です。本音は、「靖国神社に行って、戦没者に追悼、戦没者に感謝の気持ちを表す」ということと、「これから戦争はしません、平和を守っていきます」ということが、どうして一致するかわからないんですよ。かえって、矛盾じゃないですか。平和、本当に平和のためだったら、首相が靖国神社に行かない、というのが正しいと思うんですね。なぜかというと、靖国神社のことは日本でも議論になっているでしょう。

――靖国参拝での感謝と不戦の誓いは一致しない、と先生はお考えになる……。A級戦犯のことを除いても、A級戦犯が祀られていてもいなくても、政治家は靖国に参拝すべきでないということでしょうか？

朴　A級戦犯のことを除いてもですね。戦争のために死んだ人、日本から見れば祖国のために死んだ人だけど、アジアから見れば被害を与えた人たちが入っているところだからです。

加害者だった人たちが、日本では英霊になっているわけですね。アジアの平和、あるいは侵略に対する痛切な反省という言葉を、繰り返して言ってはいるんだけど、「侵略、植民地支配に対する痛切な反省」で、「謝罪する」という言葉、まあ村山談話から始まるね、そういう話が本当の気持ちを表すものだったら、それを受け継いでいくというんだったら、靖国神社に行くのはおかしいじゃないですか。村山談話を受け継いでいると言いながら、アジアの国々が反発する靖国神社に行くというのは、矛盾するんじゃないかなということです。まあ細かく言えば、靖国神社には、韓国人も一万人以上いるでしょ。パク・ユハさんは、「彼らも靖国神社に祀られることを望んで戦争に行った」ということまで言っていると思いますよ。

——日本統治下時代、朝鮮では「日本人として死ぬことが名誉なことだ」と教育されていたそうですね。

朴　まあそれはちょっと一面的……。まあ、そういう人もいるかもしれないけど、一面的じゃないかな、ということです。もう一つ、慰安婦に対しても、人身売買というふうに言っている人たちもあると思うんですが、パク・ユハさんも、そういうところもあったと、認めているんですね。それを認めていて、もちろん慰安婦もいろんなケースがあったとは思いますよ。

親が売った人も、生活が貧しくて売った人もいれば、騙された人もいるし、あるいは自分からすすんで行った人もいるでしょう。だけど、その中には、本当に騙されて強制的に行った人もいるはずなんですから、その「強制性」を言わないで、そういうところだけを言ってるのは、やっぱりパク・ユハさんは歴史が専攻じゃなくて、文学が専攻だからだと思うんです。やっぱり私たちとは受け取り方が違うかなと思います。

――パク・ジンウ先生とパク・ユハ先生は、ほぼ同じ時代を生きていらした……。

朴　年は同じです。多分彼女は、良い環境で育てられたと思いますよ。だから全然違うと思います。私は田舎の貧しい家で、貧しい生活をしていました。一方、彼女は、飛行機に乗って外国に行ける環境だったから……。同じ年でも、環境が全く違うんですよ。彼女が早稲田大学在学中、教授たちは「日本人より日本語がうまい学生だ」と言ったそうです。竹下登首相の時には、ノ・テウ（盧　泰愚）大統領の通訳をしたでしょ。だから、レベルが違うというか（苦笑）。

従軍慰安婦・靖国問題について

――例えば、従軍慰安婦の問題を見てみると、今、先生がお話しされたように、いろんなケースがあり得ます。解決困難ではあると思いますが、歴史家として、どのようなアプローチが可能であるとお考えでしょうか？

朴　ええ、解決は難しいでしょう。日本で、去年も朝日新聞が訂正の記事を出しました。結局慰安婦問題を否定する人たちは、「全部ウソだった」ということで片付けてしまう。しかし、それはおかしいわけですよ。「吉田証言[3)]が間違っていた」と朝日新聞は言っているだけで、自分たちの慰安婦問題が間違ったと言っているわけじゃないんですよね。しかし結局、朝日新聞が全部間違っていた、ということになってしまった。

私は、二〇〇九年に「韓国から見た靖国問題」という論文を書いたことがあります。韓国でもA級戦犯、マスコミでも、みんなA級戦犯、A級戦犯と言っているんだけども、靖国神社の本質的な問題はA級戦犯だけじゃないです。合祀されているA級戦犯は一四人。二六〇万人の中の、〇・〇〇一パーセントにもならないものを、まるで靖国問題のすべてがA級戦犯であるかのように言っているのは間違っている。広い視点で見ると「靖国神社というのは、戦争を称えるための神社である。それをきちんと認識しないといけない」ということを一番言いたいのです。

この「韓国から見た靖国問題」という論文の最後で、私は、パク・ユハさんに対する反論を書きました。これは、韓国での反日ナショナリズム批判、パク・ユハさんをはじめとするニューライト勢力に対する批判ですよ。「例えば、パク・ユハさんは、反日ナショナリズムの根本的な問題点というのを、慰安婦問題、歴史教科書問題、靖国問題、独島（竹島）、この四つの問題ですべて和解するために、自分なりに解決するために」どうするかということを言っていますね。ここでは靖国問題だけを取り上げて、私は批判しています。パク・ユハさんは、韓国の反日ナショナリズムについて、「日本について正しく理解しないで、盲目的に批判している」と指摘しています。「植民地支配と侵略戦争を美化し再び軍国主義に走る日本、というような、ある意味で型にはまったような日本認識というのは、明らかに日本に対する間違った理解である」と……。これは、私も理解できます。

しかし、パク・ユハさんは、「日本の立場を内在的に理解しましょう」と言いながら、韓国の矛盾を指摘し、「靖国参拝そのものを拒否するよりも、別の追悼方式を模索する必要がある」と言っています。新しい追悼方式というのは、小泉さんが言っているような、「戦没者に対する感謝の気持ちをこめた追悼ではなくて、謝罪の気持ちをこめた追悼が必要だ」と、小泉さんに対して提言をしている。そうすることによって、「靖国の英霊の犠牲というものは本当の犠牲になり得る」と彼女は言っているわけです。感謝じゃなくて謝罪の心を示すべきだと……。しかし、パク・ユハさんの「和解のために」の論理は、あまりにも問題を一面的に見ている、というのが私の考えです。

小泉さんが、本当に反戦の意志、平和のために靖国神社を参拝するのだろうか？　私はそうは思いませんが、パク・ユハさんは次のように言っています。「小泉さんの発言を懺悔と反省の意志として受け取り、靖国参拝は決して軍国主義への回帰や戦争美化ではなく、二度と戦争を引き起こさないという小泉さんの発言の真正を疑う必要はない」と……。つまり、小泉さんの発言には真実性がある、という意見です。小泉さんの二度と戦争を起こさないという発言は、これは小泉さんだけじゃなくて、靖国神社参拝を正当化する右派の政治家たちと共通する考え方でしょう。その考え方に真情性があると、どうして端的に言えるのか？　私は、疑問だと思っています。

──「靖国神社の存在そのものが戦争を肯定している」とお考えですか？

朴　はい。靖国神社は靖国神社、そのまま在ればいいんです。それでいいのに、政治家たちが利用していることの方が問題なのです。そのままで、首相が行かないで、右翼たちが行ったりするだけなら、何の問題もない。それは、日本人の勝手です。宗教、あるいは信念の問題だから……。しかし、それに政治性が入るから問題なんです。小泉さんとか自民党の保守の、右派の政治家たちが行っているのは、これからの戦争を念頭に置いているからだと思われます。

安倍さんがやろうとしているのは、安保改正だけじゃなく、憲法改正です。憲法改正までいけば、自衛隊は軍隊になってしまう。軍隊になれば、東アジアをはじめとし、アメリカとの同盟関係にあるから、アメリカの要求によっては、日本軍によって新たな戦死者が出る可能性だってある。戦死者がどこにいくかっていえば、やっぱり靖国だっていうことになる。だから結局、戦争をやる意志が隠れている、ということになってしまうのです。

靖国の問題は、ずっと戦後から段階的に変わってきました。六〇年代、七〇年代は、靖国神社の国家護持が国会と、日本社会全体の議論になっていました。それに対して、韓国や中国は何も言わなかった。それは、日本国内の問題だったからです。その時、靖国神社を維持するために、靖国神社に対して国が費用を出すことになる。そうなれば、日本国憲法二〇条に、政治と宗教の分離、日本国憲法八九条、宗教団体に対して国家のお金を出すことはできないという政教分離の問題がある。このために結局、靖国神社国家護持法案が国会で廃案になった。だから、自民党もそれをいったんは諦めた。それが、一九七五年のことです。

その時、諦めてから路線転換するのは、靖国神社の国家護持ができないなら首相が公式参拝しましょう、ということになった。特に八月一五日の参拝は、一九七五年三木さんからはじめて、一九八五年には中曽根さんが最初の公式参拝に行った。そうすると、中国や韓国が反発しはじめた。日本の政治家が靖国に参拝することの背景に、日本はまた軍国主義に戻るんじゃないか、という心配が起こってくる。戻るというのは、軍国主義そのまま、過去のまま、過去のようになったら、天皇が現人神になったりするのは、日本国国民も、それは認めないと思います。今の国民の感情からすれば、過去のような軍国主義にはならないとは思うけど、戦争をできる国になる、ということは確かでしょう。

靖国参拝

朴　政治家として靖国に行くのは……、首相だけでなく一般の議員たちが靖国に行く。首相が行かなくても、議員たちが行く。やっぱり彼らの歴史認識は、侵略戦争に対して自覚がないんですよ。加害者意識がない。「大東亜戦争」は、日本が引き起こした戦争でしょ。その戦争で、日本人は三百万人が亡くなり、アジア人は二千五百万人が亡くなったんです。その三百万人の中で、二六〇万の英霊だけを称える。二千五百万人の犠牲者と、その犠牲者の遺族を含めれば、五千、六千万人にもなるアジア人には何もないのです。全く度外視している。

それを考えると……。もちろん遺族が個人で参拝に行くのを、私たちがとやかく言う権利はありません。

——政治家として参拝に行くのはまずいということですか？

朴　例えば、古賀誠さん（自民党議員）は、お父さんがフィリピンの戦線で一般の兵士として亡くなった。日本遺族会の会長まで務めた人です。彼の場合は自分の親が安らかに眠られるために、「A級戦犯は分祀した方がいい」という意見を新聞に度々掲載していると聞きました。自民党遺家族議員協議会というのがあります。遺族として議員になる人たち、戦争で亡くなった人たち、靖国神社に入っている英霊の子どもとして生まれ、議員になる。

一方、板垣正さんは、自分の親（板垣征四郎）がA級戦犯として亡くなっている。彼はまた立場が違います。板垣さんは自分の親が陸軍大将でA級戦犯として死刑になった人の子どもだから、分祀には反対しています。それぞれ立場がまた違う。だから複雑なんだけど、少なくとも首相が行くのは……。

そういう意味では、中曽根さんみたいな政治家は、もう日本にはいない。日本の政治も堕ちたかなと思う。中曽根さんは、良かれ悪かれ現実的な政治をやっていた。

——中曽根元首相も靖国参拝をされました。

朴　中曽根さんは、八五年八月一五日に公式参拝をした。それで、中国や韓国が反発をした。特に中国が強く反発して、中曽根さんはその翌年に行かなかったんです。行かなかった理由は日中関係、日韓関係が大事だからです。彼は、現実主義的な政治をやった。でも、小泉さんは違うでしょ。これは内政干渉だと言って、小泉さんは毎年行ったでしょ。日中関係、日韓関係が大事だと言いながらも、関係を悪化させても毎年行ったでしょう。五回も……。だから中曽根さんは特に偉そうに見えなかったけれど、後に続く九〇年代以降の政治家を見たら、「中曽根さんはすごい政治家だったなあ」と思います。日本政治を研究している友人に聞くと、「中曽根さんほどの人はもういないんだよ」と……。まだ生きていますね、九七歳かな（二〇一九年一一月二九日没）。

——どの国にも、例えばアメリカにもワシントンにも戦争で亡くなった人を弔うような施設があります。靖国神社は、そういうものとは違うということでしょうか？

朴　違います。

——本質的に異なるから、同じ土俵で語れないということでしょうか？

朴　まあいろいろありますけども、靖国神社が国家護持できなかった一番の理由は、靖国神社が持っている宗教性ですよ。宗教性を持っていて、他の宗教を抑圧したり差別したりしている。クリスチャンの戦死者が入っていて、クリスチャンの遺族が「それは取り消してください」と言っても、言うこと聞かないじゃないですか。宗教性が一番の問題。アーリントン墓地というのは、宗教性がないんですよ。韓国の墓地も宗教性がないんですよ。だから国のために死んだといって、埋葬されるのが可能なんです。

――靖国神社にいらしたことはありますか？

朴　ありますよ。

――どう思われましたか？

朴　……。入り口の両方に鳥居があるでしょう。鳥居を通って百メートルぐらい行った所に獅子像があるんですよ、ライオンの像。それはね、日清戦争の時に中国から略奪した物ですよ。それで登っていけば、いろんな靖国神社の本殿に入る前から、いろんな戦争を称える施設があります。太平洋地域やいろんな地域から集めた石がある。日本軍が突撃する様子を刻んだ石もある。本殿まで行かなくても、みんな戦争を称えていることがわかるんです。それに右の方に行けば、遊就館があるでしょう。明治神宮のようないわゆる神社とは違うってことです。

いや、それでも靖国神社は靖国神社のままでいい。こっちから文句を言う必要はないと思う。研究の対象にすらならないと思いますよ。政治がそこに入るから研究の対象になるのです。韓国と中国がこんなに反発するのにも関わらず、純粋に平和のための神社ではないでしょう。

私よりもっとひどいことを言ってる日本人もいますよ（笑）。東京大学の高橋哲哉さんは、靖国神社のことをもっとひどく批判してるんですね。『靖国問題』[4]という彼の本はベストセラーにもなりました。あるいは、小森陽一さんとかね。一般の国民にはわからないんです。

安倍総理の戦後七十年談話について
――安倍談話をどのように思われましたか？

朴　韓国では、そんなに反発はなかったと思います。パク・クネ（朴 槿恵）大統領の談話として、国家の、政府のレベルでは、ある程度控えたような対応をしたのは確かです。それは、「日本と対話を続けていきたい」というのが、やっぱりあったからでしょう。日本も、政治的にお互いに断絶するということはあり得ない。なんとか糸口は少し残しておこう。そのために、ノ・ムヒョン（盧 武鉉）大統領とか、あるいは昔のキム・ヨンサム（金 泳三）大統領のように、「日本の歴史は間違ってるよ！」などと言ったら、関係はもっと悪化するので、控えたのだと思います。

――日韓関係がより悪化しないために、トーンダウンしたということでしょうか?

朴　これからも首脳会談をやらないといけない、という課題を持っているわけだから……。可能性を開くためには、あまり反発的に反応してはいけないというのが、政府としての見解だと思います。しかし、韓国の世論は、「安倍談話は歴史認識の後退だ」というふうに言っています。

私はその反対で、「日本の保守政権の、自民党の歴史認識が進展したことがあるか?」と思っています。今までもずっと変わらなかった。いや、安倍さんは本音をはっきりさせた分、かえって知能的に進展したんじゃないか、と私は思っています。言葉を非常に慎重に選んで、もっと知能的に本音をあらわした。もちろんそれは、二一世紀構想懇談会の報告書に基づいて北岡伸一さん、瀬谷ルミ子さんとか、いろんなブレーンの意見を聞いて、収斂してまとめたものなのでしょう。私は歴史認識の後退ではなく、もともと日本の保守政権が持っていた歴史認識が、より知能的により進展したものと考えます。

だから、この前の小泉談話とか、あるいは民主党の菅談話とか、あるいはその前の村山談話のような内容よりも、分量が三倍以上多いでしょう。それを何回もよく繰り返して読んでみたら、意図が見えてきますよ。韓国に対して、中国という言葉は三回ぐらい出てきます。韓国は一回だけ。それは東南アジア、台湾、韓国、中国、この順番……。それも意図的にやったと思いますよ。韓国、中国、東南アジアじゃなくて……。その一言しか出なかったんだけど、後半にいけば、安倍さんは韓国に対してメッセージを送っています。これを見抜いた人はあんまりいないと思いますが、私はそういう風にとらえます。韓国に対するメッセージがあるんですよ。ご存知だと思いますけど、中国残留孤児の話が出る。連合軍の捕虜たちの話も出る。「彼らは日本からひどい目にあったにも関わらず、残留孤児を助けて育ててくれた。捕虜たちも日本軍によって非常にひどい目にあったにも関わらず、みんな許した。和解した」と……。それが韓国に対するメッセージなんですよ。中国や連合軍の彼らに対するメッセージではないんです。

「他の人はみんな和解したのに、どうしてあなたたちは和解を拒否してるのか」と言っているのです。繰り返し言っているんです。その意図がもっとはっきり現れるのが、若い世代に謝罪をさせたくないと……。だから、はっきりと謝罪継続の拒否です。これ以上あなたたち韓国人には謝罪しません、と言っているのと同じです。

私は、そのように読み解きました。私は、どこかの言論に書いて出しましたが、私のように書いた人は他には誰もいなかった。結論的に言うと、そういう安倍さんのメッセージに対して、盲目的に反発したらこっちが損です。韓国に対するメッセージでありながら、それは国際社会に対するメッセージでもあるしょう。国際社会が、全部見るわけじゃないですか。日本はもちろんのこと……。国際社会でそういう文章を見たら、和解というのは非常に大事だ、これからの平和の道を拓いていくうえで大事だと認識してるのに、韓国が相変わらず謝罪しろと言い続けていると……。韓国だけがバカになるんです。アメリカとかイギリスとかヨーロッパの人たちが見た時、「もういい加減にしなさい」という風な論調ができてくるんじゃないですか。

――韓国を貶めるようなメッセージだったと感じていらっしゃる？

朴　いや、それは主な目的じゃないんだけど、行間の見えないところにそれがにじんでいると思います。二一世紀構想懇談会の人たちがまとめたものですね。そのまとめた人たちのいろんな証言とかがあったのでしょう。

――日本がそういう態度である以上、韓国は許さないということでしょうか？

朴　私が最後のところで提言したのは、「私たちは盲目的に反発してはかえって損するから、そういう意味でパク・クネ大統領が翌日の談話での控えたコメントは望ましいことだった」

と……。彼女は「対話は続けていきましょう」という意志を見せた。対話を続けて、「謝罪は要求しませんから慰安婦問題の解決をもっと積極的にやってください」と……。そういう対話は必要でしょう。「謝罪要求はしませんけど、その真相を究明するためには協力してください」と……。日本の協力が必要不可欠です。さっき言ったような朝日新聞が誤報だったと訂正報道を出してから、まるで慰安婦問題すべてが嘘だったみたいに片付けるのはおかしいと思います。まだまだ証言ができる人もいるはずです。日本でも、言わないだけで実際経験した人もいるはずだ。生きている人がいるはずだから、それを発掘することに協力してほしい。お金を下さいってことじゃないですから……。

政府の立ち位置

――どこの国でも一緒だと思います。「心から謝罪したい」と思っている人もいます。もちろん「そういう事実はなかったから謝罪する必要はない」と言う人もいます。

朴　日本国民がいろんな考え方を持っているのは、自由民主主義だからです。それに対して、僕が何か発言する必要はないと思います。しかし、政府の発言は一貫性を持たないといけないのに、どうしてひっくり返すのかということですよ。戦後五十年になってやっと、日本は戦後五十年になって、やっと謝罪したじゃないですか。それをどうしてひっくり返すかと……。

朴　うん、うん。

——それが一番の問題だということですね。

——「日本政府は実のところ謝罪していなかったのではないだろうか？　謝ってはいるけれど、実際は後ろで舌を出しているのではないか？」ということでしょうか。

朴　結局、本音は違うんじゃないかと……。それも、村山さんが首相だったからそうでしょう？　社会党、左派と政治的なアレでやったから……。国会でも不戦決議で、自民党議員たちが反発して、本当は謝罪の文句は入れられなかったんですよ。だから、「過去の戦争は日本だけが間違ったんじゃない」というような文句を入れてしまったんでしょ。だから、その不戦決議をしながらも、自分たちは反省しない不戦決議をしたわけです。それに対して村山さんは、社会党の指導者として、これはちょっとおかしいから、私はもっと足そうと言って出したのが、村山談話です。国会決議で不十分なところを埋める形で、村山談話が出てきたんでしょ。だから、もしその時社会党の村山さんが首相じゃなかったら、アレさえも出さなかったと思います。だから、結局、本音は全然反省してない、ってことになります。政治家が反省してないのに、誰が何を言っても……。

韓国の国民性

――韓国は民主化すると同時に、すごく国民が変わったのではないかという印象を持ったのですが、いかがでしょうか?

朴 本質的には変わっていません。八〇年までは、公の場で自分が言いたいことをはっきり言えなかった時代、ずうっと抑圧された時代……。だから、抑圧されたものが噴出しただけで、別に変わったんじゃないんです。この国民性は、そう簡単には変わりませんよ。元気でうるさいし、ちょっと血が熱いというか……。だから、それを軍事政権が押さえて押さえるから、反発していろんな人たちが自殺したり、自分の身体に火をつけたり、怒りを抑えることに耐えられなかったんでしょう。結局、学生たちが、光化門の中心街まで出てきたら、市民も加担して、六〇年の日本の安保闘争みたいに勢いが膨らんできたら、結局、チョン・ドゥファン(全 斗煥)大統領も諦めたんじゃなくて、負けたんですよ。民主化宣言。そういう国民性は、熱い情熱を持っている国民性は、昔も今も変わっていません。

――韓国の国民性は変わらず、昔から熱い情熱を持っていたということですね。

朴　ええ。だから私たちは冗談で言うんだけど、「こんな強い気質の朝鮮人を日本が支配する時は、いかに苦労しただろうか」と(笑)。日本の朝鮮総督も、非常に苦労しただろうなあと思う。まぁ、冗談でそういうことを言います。

日本人は、全体的に見れば、秩序を守ることが大事ですね。非常に従順なんです。韓国人は正反対です。いつも「こういう風にやりなさい」と言えば、全く別なことをやっている。保育園の子どもたちは、昼食を食べて一時間昼寝をするんです。その時に、日本人の子どもたちは、先生の言う通りに自分が寝なくても寝たふりをします。しかし、韓国人の子どもは、もう走り回りながら、寝てる子どもの足を踏んだりして、先生に叱られています。これは、日本人と韓国人の国民性の大きな違いです。韓国の国民性というのは、上の人が下の人に何かさせても、後ろでは舌を出してるんですよ。言うこときかないんですよ。従順じゃないんです。

――教科書問題はどのようにお考えですか？

朴　教科書も、韓国に対して侵略したと書くだけでもなんか言ってるんだけど……。右翼が出してる教科書は、確かに意図的に子どもたちに日本人として誇りを持てるよう教えるのが目的であって、歴史の真実を教えるのが目的じゃない。歴史教科書は歴史の真実を教えなきゃいけないのに、それよりも、誇りを持つように教科書をつくるというところには、問題があると思う。いや、侵略戦争を侵略だと教えて、例えば、ドイツの子どもたちにナチドイツの悪いことを教えて、ドイツ人の子どもはドイツ人として誇りを持てないですか？　そうじゃないでしょう。どうして日本の支配者たちは、政治家たちは、そういう発想ができないのか。

例えば、「シンドラーのリスト」という映画がありました。ドイツの文部省が全国の学校に、中学高校各校に「シンドラーのリストを観て学生たちと議論しなさい」と通達を出したんですよ。そういう発想……。それを観てドイツ人の子どもたちは、「あぁ、私はドイツ人として恥ずかしいなあ」と思いますか？　いや「これは間違ってるから、二度とこういうことをやっちゃいけない」と教えるべきでしょ。どうして日本はそれができない？　日本の右翼は、自信がないからじゃないですか。彼らは自信があると強がってますけど、本当は自信がない。劣等感、コンプレックスがあるんじゃないですか。危機感とかね。中国に負けちゃいけないとか……。そういう風に感じます。

天皇制研究

――先生は天皇制がご専門で、研究なさっています。日本の状況は変わりましたか？

朴　研究はまだ終わってないです。何も変わっていないです。変わったのは研究の対象とする時代が変わっただけです。日本では明治時代から自由民権運動を中心にやったんだけど、韓国に帰国してからは、戦後を中心にやっています。研究対象とする時期が変わっただけで、基本的には変わっていません。

――研究の答えは出ましたか？

朴　答え？　答えをすぐ得られるようなものじゃない。博士論文から言えば、天皇制というのは明治維新以降につくられたもので、「つくられた伝統」というふうに言いますけど、つくられたのが明治維新、一九世紀以降です。今の日本人たちには、まるで日本の長い歴史であったかのように思わされている。だから、「つくられた」伝統。創出された伝統。私は民衆という観点から見てきたが、民衆という観点から見れば、明治の中頃まで天皇の存在は今のように明確じゃなかった。天皇なんか関係ないよという人もいるんだけど……。その当時は、特に江戸時代は天皇なんか無縁だった。

これが日清戦争、日露戦争を経験しながら、ナショナリズム的な統合が急速に進みますけども、その時に天皇の存在というのは、どんどん浮かび上がってくるんですね。錦絵なんか見てもわかります。対外戦争での勝利が、明治天皇の影響力であるかのように、美化されていくんですね。錦絵の中にも、明治以降の錦絵の中で朝鮮と中国を見たら、一般の民衆は絵だけを見てもわかるように描いてありますけども、日本がどんなに偉い国で、朝鮮がどんなに貧しい後進国かっていうのが出てくる。これは、日清戦争の時の日本軍の姿を描いたもので、中国軍は支離滅裂な姿で、日本軍の場合は非常に偉く描かれてるんですね。これを見て、自負心を持てるようになるじゃないですか。日露戦争後、錦絵はほとんど姿を消します。写真が登場しますからね。

——天皇とはいえ、生身の生きた人間です。民主主義国家と言いながら、ご自分のお考えはなかなか主張できないのではないかと思いますが、どうお考えでしょうか？

朴　私は明仁天皇については、直接の研究はやってないんです。彼は、平和のメッセージを何度も繰り返していて、それはそれでいいんだけど……。しかしそれによって、明治以降から敗戦まであった、天皇制の問題が忘れられてしまってはいけないと考えています。明仁天皇は、ずっと平和のメッセージを国内外に発信して、いいイメージをもってる。それが、天皇制がもっていた否定的なところを隠す役割をするんじゃないかという怖れがある。

明仁天皇のお父さんは、戦争に対する責任をとらないで死んだ……。それに対する責任をどのように果たせばいいのか、彼は十分に自覚していると思いますよ。だからこそ、平和のメッセージを発信し、その努力、慰霊旅行をしたり、サイパンに行ったり。この間、パラオにも行ったでしょ。そういうことをやっている。それに加えて、天災とかかわるお見舞いも行っている。

象徴天皇制は柔らかい「平和ナショナリズム」の求心として軟着陸しつつある。伝統の宮中祭祀とか新年参賀とかやってるんだけど。それはそれで、彼のイメージはイメージで……。だから彼に、先ほど言った小泉さんとか安倍さんのように、本音と建前とが別にあるとは思わないです。明仁天皇の言葉には、まさにその念願というのが入っている。でもそういうことに、あまりにも人たちが馴染んでしまうと、過去に天皇制が持っていた怖さというのを忘れてしまう。だから、私は歴史をやっている人間ですから、今の明仁天皇を批判するのではなく、「天皇制というのは、本質的なところに否定的なところがあった」というのを、忘れちゃいけないと思っています。

——天皇制はどうあるべきだとお考えですか？

朴　いやそれはもう、今の姿でいいんじゃないですか。でも、まだ利用しようとする人たちがいるわけです。靖国の問題だけにしても、結局、「靖国に天皇は行かないといけない」と主張する人たち……がいます。

一昨年（二〇一三年四月二八日、主権回復の日）に安倍さんが天皇・皇后を招いた式典で、万歳をやったでしょ。それは予定になかったこと……。映像見たら、「あれ、これどうしたの？」と天皇も皇后も困惑してた姿が見えたでしょ。予定になくて、いきなり万歳と……。それも、利用ですよ。だから、今の明仁天皇は、そういうことはやめてほしいっていう気持ちだったでしょう。

――政治的に利用されてはいけないということでしょうか？

朴　うん。明仁天皇の話を、私たちは文章を見て、その文章の中に隠れた意味は何かをいつも研究しています。見ると、私の立場から見ても不十分なところは確かにあります。でも今は、その立場でいいんじゃないか、歴史的な問題は、歴史をやってる人には見えるものがあるから……。彼は歴史をやってる人じゃないから、気の毒といえば気の毒です。

――日韓問題は解決するのは難しいけれども、それぞれが歩み寄っていこうということでしょうか？

朴　やっぱり、お互いに努力をしなければならない。だからといって、お互いに対立・葛藤だけじゃなくて、和解しましょうって言って努力したんだから、未来を拓くという、日・中・韓の歴史学者たちが集まり、努力をしている。右翼のつくる会なんか、教科書をつくるって言って、ナショナリズムだけを叫んでいる。日本にも真面目な人たちもいますから、そういう人たちと同じテーブルで一緒に会って、座って話しましょうということで、結果が出ますから。そういう努力を続けていかないといけないですね。慰安婦の問題は、やっぱり真相究明というのを、もっと真面目に日本が対応していただきたいことだし、靖国神社は研究の対象としては別に、ナショナリズムの対立の問題じゃなくて。特に二〇〇〇年代に入ってからは、それこそナショナリズムの一つのきっかけになる。公式参拝とか首相の参拝とか……。そういう物議を引き起こすようなことはやめた方がいいんじゃないですか。

――一見すると街並みは日本とほとんど変わらず誤解しがちですが、朝鮮半島は現在休戦中です。韓国側で解決しなければならない問題があるとすれば、それは何でしょうか？　また、それはどのように可能でしょうか？

朴　盲目的で偏狭なナショナリズムは克服しなければなりません。民族の統一も実現せずに、いかにして「民族」や「国民」の克服ができるでしょうか。重要なのは、南北が分断されている現実のもとで、それをいかにして克服すべきかという問題です。ですから、脱植民地主義の問題、民族の問題、親日の問題、在日の問題、そして究極的には、統一の問題をもっとまじめに議論し続けなければならないと思っています。

註

1) 実際は、現役女学生、卒業生の大反対にあい、本人が辞退した。

2) 日本の国民の多くが強制されなくても天皇制を支持するようになったのはどのようなしかけによるのか、つまり、なぜ日本国民が無自覚的に天皇を崇拝するのか、どのような洗脳があって天皇制を受け入れているのかということ。

3) 吉田清治は、太平洋戦争中、軍の命令により朝鮮で若い女性を強制連行し慰安婦にすることに関与したと証言したが、その後その証言が虚偽であったことを認め、二〇一四年には、吉田証言に基づき記事を書いた朝日新聞も記事を取り消し、謝罪した。
吉田清治『私の戦争犯罪―朝鮮人強制連行―』三一書房（一九八三）

4) 高橋哲哉『靖国問題』ちくま新書（二〇〇五）

李　在春（リ・ジェチュン）

株式会社 A&D コリア（計測器メーカー）CEO。
1955 年、ソウル生まれ。故郷は、忠清北道のタンニャン（丹陽）。1982 年、韓国外国語大学校日本語科専攻卒業、1993 年、韓国外国語大学経営大学院経営学修士、2000 年、韓国外国語大学教育大学院教育学修士。2003 年、クァンウン（光云）大学校経営大学院国際通商学科博士課程経済学博士。

訳書：『사자는 잠들지 못한다（ライオンは眠れない）』訳　世間の窓（2000）、『『닛산 리바이벌 플랜（日産のリバイバルプラン）』訳　イルソン・メディア（2004）、『시간을 지배한 사람，시간에 쫓기는 사람（時間を支配した人　時間に追われる人）』訳　イェムン（2005）、『네이밍발상법（ネーミング発想法）』訳　ボボス出版社（2005）、『세계경제의 현재 그리고 3 년，5 년，10 년（世界経済のいま、そして 3 年後、5 年後、10 年後）』訳　イェムン（2006）、『입문 일본경제（入門　日本経済）』訳　イロム・メディア（2009）等

「私は、健康上の理由から軍隊には入れなかった。だから何か別の形で、社会に貢献したいとずっと考えてきました。中学の時には、小説や詩の創作に没頭したこともありましたが、事業を起こし、社長になりたいと思うようになりました。その時代の韓国は、本当に貧乏でした。だから、日本の軽自動車を一台持つことが私の夢だったのです」と語るリ・ジェチュン（李 在春）さん。

軍出身の父親は養鶏場を営み、リさんの他に、兄、弟、妹と、たくさんのきょうだいがいる。リさんには一姫二太郎、二人ともアメリカ留学を経験している。多忙の中、週に一度は家族で朝食に出かけ、コミュニケーションを欠かさないようにしているそうだ。

お話上手で、アッという間に時間が過ぎ去った。リ・ジェチュンさんは学生時代から日本について学び、またビジネスでも日本と関係が深い。日本への深い洞察と理解から合理的に考え、韓国人には珍しい、独自の論理を展開している。

インタビューは、二〇一五年七月二〇日、A&Dコリア本社（ソウル）にて、日本語と英語で行われた。

反日教育を受けて
——学生時代に日本語を学ばれたのですか？

李　私が成長した頃の韓国では、反共から中国やロシアに対してはもちろんですが、日本も言語道断。韓日正常化直後のことで、反日の学生運動家がまだ多かったです。そういう空気がまだ残っている時に、韓国外国語大学の日本語科に入りました。その当時は、日本語の本を持つことさえできない時代でした。友人との待ち合わせのため、喫茶店などで本を読むときには、日本語の本にはカバーをかけて、わからないようにしていました。

――日本語の本を持っているところを見つかったことがありますか？

李　はい。相手もまだ学生だから、「なんで日本語を習っているのか？　おまえは親日派か？」と感情的に言われました。日本語の本を読んでいると、時には酔っ払いから水をかけられることもありました。当時日本語科は、韓国外国語大学にしかありませんでした。韓国で有名な大学、ソウル大学、高麗大学、延世大学にも、日本語科はありませんでした。私は、ロシア語をやろうか、日本語をやろうかで悩みました。当時、エズラ・ヴォーゲルの『ジャパン・アズ・ナンバーワン』がベストセラーでした。日本は経済で世界一でしたから、日本語を選択することにしました。日本語を勉強すればするほど、日本に親しみを感じ、関心もますます深くなっていきました。もちろん植民地時代のことや、日本軍部に対する不信感、嫌悪感はあります。しかし、木を見るのではなく森を見れば、日本のことを十分理解できるようになるのではないでしょうか。それで、本格的に日本語を勉強して、自費で日本語教育の修士コースまで行ったのです。お金を稼ぐためではなく、関心があったからです。私にとって日本は尊敬の対象でした。

――御社（A&Dコリア）は計測器メーカーで、理系のお仕事ですが……。

李　私は最初、工学部化学科に入学しました。学生時代、大学の英字新聞の記者をしていました。英語が好きで、得意でした。反政府記事を書き、問題になって捕まって退学させられました。それで、韓国外国語大学日本語科に編入したのです。韓国外国語大学は、専攻と副専攻があるんですよ。国際経済学、貿易学を副専攻としたのです。貿易には、商貿易と国際貿易があります。実務と理論。その後、大学院で経営学を学びました。日本人と仕事をやりたかったので、もっと日本のことが知りたかった。すでに仕事をしていたので、教育大学院の夜間の日本語科に入り、修士号を取りました。そこで韓国語学、日本語、国際経済学、経営学、日本語教育を勉強しました。その後、時間がないから、週に一日通って、博士号（経営）も取りました。

――社長業と学生と「二足の草鞋《わらじ》」を履いていらしたのですね。

李　十年程前、私が五十歳の時、A&Dコリアの社長をしながら、年休を取って勉強しました。学生二人に対して、教授は八人でした。博士はそんなに多くないから、「今日忙しいから翌日お願いします」、「今日時間がありますが、いいですか？」という具合に……。

――韓国は非常に転職が多いと伺っています。

李　そうです。私には能力がないから移ることができなかった。二七歳の時に、韓国電力会社に入社しました。韓国電力は東京電力のように、絶対倒産しない会社です。サムスン（三星）電子より月給が一〇パーセント位高かった。公社だから、試験で入ります。試験科目は、私が工学部で学んだ科目が二つくらい、そして、国語、英語、歴史でした。英語も韓国語学も専攻していたから有利でした。国家公試（公務員試験）の勉強もしていました。運よく科目が合ってたんです。入社してみると、えらい人間ばかりだった。後に、私は特殊採用だったと知り、また原子力発電所が始まった途端、転勤の辞令が出たこともあり、自尊心が高い私は辞めることにしました。

――原子力発電に反対でしたか？

李　当時（一九七〇年代）は、軍事政権（パク・チョンヒ大統領）だったから、誰も反対できませんでした。今なら建設反対とはっきり言えます。「なぜ私が山奥にまで行かなければならないのか？」と思い、すぐに辞めてしまいました。そして入ったのが、韓国最大の秤屋メーカーだったのです。運命の出会いでした。それが、今の会社の前身です。

私は英語と日本語ができるので、海外部に発令されました。海外の輸入輸出、技術移転の業務をする会社です。しかし、その会社が倒産すると、アメリカ、イギリス、そして日本から「我が社の仕事をしてください。あなたは技術移転や輸出入をやっていたでしょう」とスカウトされました。自分の会社の製品を韓国へ売るためです。アメリカも日本も、私に会社を引き継ぐように提案してきました。私は、パートナーとして日本を選びました。支援があって、私は、大学院に通いながら、仕事を続けることができました。それが縁となって、こうして経営者として、各国の製品を販売する仕事をしています。

ジャパン・アズ・ナンバー・ワン

李　七〇年代後半から八〇年代というのは、ソニーの絶頂期でした。世界中で、ソニーの地位が奪われることがあろうとは、誰も思いませんでした。ソニーは、絶対越えられない高い山でした。今は全く変わってしまいましたね。また、日本と韓国の間での政治家の約束とか、交流とかいろいろありました。日本も韓国も、お互い心の内を隠して、自分の方が有利になるよう駆け引きを繰り広げました。勉強を重ねると、そういった裏の事情が理解できるようになってきます。

そして、日本のおかげで、韓国経済が復興しました。まず朝鮮戦争で、日本が復興した。戦争が日本に利益をもたらしたことは明らかです。その日本の発展ぶりに相乗りして、韓国経済がよくなり、発展することができたのです。それが、日本のおかげであったことは、やはり否定できません。

例えば、ヒュンダイ（現代）自動車も、三菱自動車から技術移転したおかげで、今の繁栄がある。サムスン（三星）電子もソニーを真似して、いろいろ勉強した結果、今がある。ポスコも新日鉄から勉強した。そして情報産業も、やっぱり日本から習って、世界一になった。コンピューター産業も同じです。産業の流れは、イギリスからの流れもありますが、すべての産業において、日本の力がなければ、韓国経済は復興できませんでした。それは絶対否定できない事実だと、私は思います。

例えば、日本のコンピューターが三二メガなら、韓国も三二メガのものを買います。六四メガのものができると、韓国も六四メガのものを買うことになりますよね。処理速度が速くなると、結果的には、速度の点で日本と韓国の差が逆転される。そんなことを利用して、韓国は発展していったのではないでしょうか。

――政治的な面では、戦後補償（対日請求権）がありました。

李　アジアのすべての国、インドネシアもフィリピンも韓国も、日本からお金をもらいました。そのお金を、韓国では産業の基盤をつくるために使ったんです。例えば、一九六〇年代、七〇年代には、フィリピンの方が韓国より経済は上だった。対日請求権で、補償をもらって、韓国は産業基盤を築くことに、そのお金を使った。フィリピンは、マルコス政権ですが、政治家らが無駄遣いをしたりとか、大統領夫人がおしゃれに浪費したりとかね。もちろん、インドネシアもマレーシアも、日本からお金をもらった。それを一番有効に使ったのが韓国だったのです。まずキョンブ（京釜）高速道路（全長四二八キロ）、ソウルとプサンを結ぶ韓国の大動脈である高速道路をつくった。それは誰もができないと思っていた。高速道路のおかげで、物流の基盤ができたからこそ、産業が、どの国よりも早く発展できたということです。それはパク・チョンヒ（朴 正熙）大統領の軍事政権時代でしたが、この点で、彼の判断は正しかった。しかし、国民感情上は許せない。政治家は、すべてを見ないとダメじゃないですか。日本に対しての感情とは別に、補償があるなら、それをもらって正しいところに使ったんです。そして、それが役に立ったということです。

国交正常化の後、学生運動が激しくなりました。反対派のね。それはあり得る現象だと思います。例えば、アメリカが日本に原爆を投下したことを、日本人は感情的には絶対に許せません。たとえ戦争を終わらせるためという理由であっても、日本人からすれば、原爆投下は許せない。それでも今一番親しいのは、アメリカと日本で、日米協定は強い。アメリカは、韓国よりは日本と親しい、仲が良い。政治の面では感情を乗り越えていろいろ判断すべきことがあるように思います。政治家は、国民の感情を勘定しながら、自分が不利な立場にならないように、国民の感情をコントロールするものです。国民の感情って結局票に現れますから、それを利用しようとする。選挙ってそういうものでしょう。

パク・チョンヒ大統領は、軍事独裁政権だったから強引にできたという意味で、経済的な視点に立ってみると、韓国国民にとっては結果的に良かったという認識を持っています。国際交流において、昔、韓国は日本に対して劣等感がありました。文化面において、漫画も映画も、産業もそうでした。今もその後遺症はあります。「漫画は絶対ダメ」で、見ると捕まる。映画も捕まる。日本の歌をうたうと、ちょっと白い目で見られる。政治がそんな雰囲気を醸し出していました。日本と韓国の文化交流が遮断されたのは、やっぱり韓国の政治家が、自分の立場を維持するために利用したのでしょう。日本はみな自信があったから、隣の国の状況などどうでもいいと思っていたのでしょう。

自由化後、韓国の文化が日本に入っていった。チョー・ヨンピル（趙容弼）、ケイ・ウンスク（桂銀淑）、キム・ヨンジャ（金蓮子）と、韓国の歌手が日本にたくさん入っていきましたね。

韓国では、キム・デジュン（金大中）大統領になって、漫画も自由化、映画も自由化と、日本文化解放になり、北朝鮮に対して、共産主義者という批判もありましたが、オープンポリシーでやりました。いわゆる太陽政策ですね。日本の歌もオッケーと……。開けてみたら、そんなに問題はなかった。同時に、韓国の文化が日本で流行っていった。それがきっかけとなって、政治家が自信を持ち、オープンにして、今は韓流が世界中で流行っています。もちろん日本には、嫌韓、韓国を嫌う一部の極右もいますが、それを無視すれば、日本の若者の間で韓流文化が流行しています。ヒットチャートで一位になるとは、誰も想像できなかった。我々もびっくりした。だから、文化面では全然問題ない。

問題は、戦後に生まれた我々世代の膠着した考えが、交流を阻み、妨げになったということだと思います。日韓の若者の間では問題ないと思います。

そして、国際面で見れば、アメリカの核の傘の下で、日本も韓国も発展したと思います。結局、軍事力というのはお金ですよね。お金がないと、いくら軍事力があってもつまらない。北朝鮮も核という軍事力があっても、お金がないから、戦闘機を飛ばすガソリン代もない。

結局、豊かになった日本が、衰退したロシアに対して有利な立場になった。韓国も経済発展したという面では、アメリカに感謝したいと思います。もちろん、実際は非常に複雑です。アメリカの利益のために、中近東のパワーを利用する。お互いに得になるのであれば、それを利用する他ないのです。日・韓・米が協力し、日本が韓国を、朝鮮半島の南を守る役割を担っているということです。

――朝鮮半島統一に対してはどのようにお考えですか？

李　北と南が統一されるのが本当にいいかと問われれば、私は違うと思います。何故か？北と南が統一されると、朝鮮半島の統一国家に対して、日本も、ロシアも、中国も、それぞれの国が対等につきあわなければなりません。

今は、北朝鮮が中国とロシアをうまくコントロールしている。そして、北朝鮮から見れば、韓国は、アメリカと日本のパワーバランスの中にある。朝鮮半島は、南も北もお互いバランスの中で存在している国です。そういう視点で見ると、やはりもう少し時間がいる。今統一されても、日本に対してもアメリカに対しても、もっと言えば中国に対しても、役に立つことはない、というのが私の考えです。

安倍首相の政策を支持する理由

李　二〇一五年七月一六日の衆議院本会議で、安全保障関連法案[1)]が賛成多数で可決され、衆院を通過しましたね。以前なら、万一韓国で戦争が起こっても、日本は間接的に支援することしかできなかった。これからは、日本も戦争ができるようになったから、逆に言えば韓国は、もっと安全になったというのが私の考えなんです。

百年後はどうなっているかはわからない。日本とまたぶつかるかもしれない。未来のことは誰もわからないけれど、とりあえずは、アジア地域の均衡を保つためには、私は正直に言って、日本人よりももっと前向きに安倍さんを支持しています。

アジア地域では、尖閣諸島とか、北方領土とか、フィリピン近くの南沙諸島などの諸問題があり、尖閣では、中国と日本が物理的にもぶつかりました。日本に均衡を保つ能力がなければ、こういう問題に対してアメリカに一〇〇パーセント依存することになる。それよりは、韓・日がアメリカと手を組んだ方が、中国を牽制する上でより効果的じゃないかと思っています。

韓国の立場は、ものすごく難しいんですよ。経済的には中国に依存しないとダメなのに、政治的には、やっぱり日本とアメリカに依存しないとダメです。それこそサーカスの綱渡りのようなものなんです。そんなことを少し感じています。政治と経済って、お互いにからみ合っていますからね。そういう状況に韓国が置かれている。それが韓国の一番危ない、きつい、そして難しい立場じゃないかと思います。

――韓国の経済界の方々もそのようにお考えなのでしょうか？

李　いや、それは違います。それも議論が紛々です。

――安倍政権を支持する声は韓国であまり耳にしないのですが……。

李　それは、反対する人の声の方が大きいからです。数が多いというよりも、反対する人は、大声で主張します。安倍政権に賛成の私は、「望ましいんじゃないか」という程度ですが、あちらは「これは絶対ダメだ」と強く主張します。

――強硬派の反対ということですね。

李　そうそう。これは一気には変わらないですね、歴史というのは……。日本と韓国は、もちろん問題はいろいろあるけど、仲良くして協力しながらやっていかないとダメなんです。一部の人は、韓国の経済がどんどん発展しているから、日本が嫉妬していると言います。それはどこでもあり得ることです。一〇〇あれば一〇は必ず反対がある。それをジャーナリズム、新聞とかメディアとかは、好んでクローズアップしますよね。それは記者の特性でしょ。

韓国のマスメディア

李　例えば、韓国の日本大使館の前で、またアメリカ大使館の前で、よくデモがあるんです。アメリカから見れば、韓国は危ない国のように見える。しかし実際、韓国人である私は、全然危険を感じていない。危険があるかどうかさえわからない。それでも、アメリカの人が新聞を見た時には、毎日激しいデモがあり、火炎瓶が燃えているとか、国旗を焼いているとか、それしか見てないから、危ない国のように見える。メディアと実際の社会は、ちょっと違いますからね。

——反日も反韓も、メディアの影響が強いとお考えでしょうか？

李　そうですね。実際私も新宿で、極右派が「朝鮮人帰れ」や「殺せ」というビラを配っているのに遭遇したことがあるんです。いやもう、ホントに……驚いた。

——そんなビラを見たら、驚きますよね。どんなに恐しい思いをされたことでしょう。

李　うん。ただね、そんなことをするのは何名くらい？　極右なんて何百人にもならないよ。残りのデモ隊は、全部雰囲気にのってやっている。韓国でも同じです。反日と言いつつ、日本車は人気がある。トヨタレクサスに乗ることは、韓国人にとってステイタス、成功した象徴です。なぜ「日本が嫌い！」と言いながら、日本の車に乗るの？　おかしいでしょ（笑）。

例えば、独島、竹島の問題ね。今、若者の中でも、そのまま目をつぶっていれば、お互い仲良くいけますよ。イ・ミョンバク（李 明博）前大統領が、独島に足を踏み入れた。それに対して、韓国の政治家は、きちんと対応しないとダメなんです。日本の国民が見ていますからね。それで紛争が起こった。大統領が非難された。なぜゴタゴタして、それを問題化するのか。それは政治家が、自分の立場を守ろうとするためです。もちろん日本も同じです。だから、日本の国会議員も、独島に行こうとしたんですけど、拒否された。しかし、それによって人気になり、その人は大臣になった。[2] それが政治というものです。能力があるから大臣になったのではなく、パフォーマンスによって大臣になるんです。

竹島は誰のもの？

李　実は独島は、韓国の領土に間違いない。しかし、一九一〇年の韓国併合以来、日本がそれを占領した。もともと朝鮮のものだったのに、占領時は日本の所有物であった。日本の地図には竹島がある。歴史の流れの中で日本が占領した。敗戦後、日本は植民地であった朝鮮を元に戻した。しかし、サンフランシスコ平和条約（一九五二）には島の返還のことが入ってなかった。独島は明記されなかった。なぜ一〇〇パーセント戻さなかったのか。故意か、偶然か、条約に入っていなかったため、島は戻されなかった。それではどうするか？　日本は、これを国際裁判所に持っていくつもりです。しかし韓国は、それは絶対拒否するつもりです。なぜなら、法的には、日本の所有だからです。しかし、実際占領しているのは韓国です。同盟国だから攻撃できない。法的には日本の所有だから、韓国側は裁判を拒む。裁判が行われれば、日本の領土になってしまうからです。島といっても、岩が水面に出ているだけ……。

私見ですが、日本もこのような状態を知らなかったかもしれません。これは法的に解決しないとダメですが、できない。だから本気になって、韓国がずっと前から住み、占領しているんです。アメリカは、静観しています。日本の国民は知らぬ顔です。もちろん政治家は、対応しないといけない。だからこのままの状態で流れていく。いや、このままいくしかない。

政治家がなすべきこと

李　イ・ミョンバク前大統領は、間違ったと思います。わざわざヘリコプターで行って、独島に降りた。日本側は、それを見て怒った。なぜなら、ちゃんと反応しないと、独島は韓国のものと認めることになるからです。だから、反応するしかない。それを知っている大統領は、絶対に行ってはダメなんですよ。なのに、自分の人気を上げるために、わざとやった。人気が落ちてきたから、独島に足を踏み入れたんです。日本の政治家も反応しないと立場が悪くなる。だから、大統領の部下が悪い。大統領に「行ってはダメです」と言うべきだったのに、誰も忠告しなかった。

「なぜ独島に降りたか？」については、永遠に答えが見つからない。だから、それを宿題にしない方がいい。それよりも、お互いにとってより良い解決策は何か、ということを探した方がいい。

では、どうするのか？　例えば、独島で油田の開発をする。韓国には技術がない、しかし日本にはある。そういうことは、六対四とか、外交的な解決で協力するべきなんです。そうでないと、永遠に紛糾が続く。両国にとって損失です。消耗戦……。無駄なことに時間を費やしてしまうことになるんです。

北方領土も同じでしょう。ロシアが、大きな素晴らしい滑走路を造りました。あそこには、日本人はいないでしょ。だから、ヘリで十分です。なぜ滑走路を造ったんですか？　それは、日本が刺激したからです。ロシアが北方領土の支配力をより強めたように、竹島も、警備が増員された。

日本は、黙っていたらよかったのです。日本はお金たっぷりあるから、アラスカのように買えばいい。どのみち借款で助けるのですから。韓国もロシアも、日本から借款でお金をたくさんもらっている。借款は、返せるかどうかわからない。それで買えばいい。経済力です。政治家は、自分が生きている間に、何か結果を残さないとダメだから、わざわざそうする。その結果、刺激してしまうんです。だから、政治家のせいで、本来ならあり得なかった問題が生まれてしまい、結果として国が損をすると、私は考えています。

日本も韓国も個々で見ると、そのような行動がお互い得かといえば、全然違いますよね。そして、さらに煽る者も出てくる。例えば、独島の下には天然資源が百年分あるとか、そんな変な噂を流す者がいる。それは、実際日本と韓国の関係を悪化させるためのものでしかありません。また、「対馬は、韓国人が多いから、独島と交換しましょう」（笑）という話もある。「独島問題は面倒だから、じゃあ破壊しましょう」という話まで出てくる。本当に問題がなくなるなら、それはいいことじゃないですか。

日韓関係は、切っても切れない。いくら問題があっても全然問題じゃないですよ。メディア、新聞やテレビなどが、記事を書いたり、番組を作ったりするのに、特集が必要だから、そして政治家が、自分の人気を上げるために問題にしているだけだと思います。

パク・クネ（朴 槿恵）大統領と安倍首相の間では、お互いよそよそしい感じで、握手もしなかった。日本の士官学校を出たパク・チョンヒ（朴 正熙）元大統領の娘ということで、パク・クネさんは、「日本と仲良くすると、親日派に見られる」と思われている。だからこそ、彼女はオフィシャルには、日本人と親しくしないようにしている。私はそう見ています。

安倍首相が「憲法を変える」と強いことを言っている時こそ、我々は、中国を注視しないといけません。中国からの見えない圧力が多分あると思います。中国も、日本の政治と韓国の政治を操りながら、自分の利益を得るために行っているんじゃないですか。政治って、そんなものでしょう。

一言で言えばいろいろ問題はあるけど、軍事的にも経済的にも社会的にも、韓国と日本は切っても切れない関係にあります。もし関係が悪くなったら、韓国の企業、日本の企業はどうなるのか。日本にある韓国の会社、在日朝鮮人はどうなるのか。関係悪化は、お互いにとって損だと思います。だから、政治家が早めに臨機応変に変えていかないとならないのです。

慰安婦の問題も、日本はもう補償したと思います。それは、政府 対 政府の話です。今、裁判になっているのは、個人 対 日本政府の話ですよね。これは、消えない。この問題も、政治家が悪用している。韓国の政治家も日本の政治家も。ただ、いずれ時間が解決してくれる、と私は思っています。

戦後七十年以上も経ってから、なぜ慰安婦問題が世界的規模で拡散したか？

李 なぜ今更日本の歴史教科書を問題にするのか？ 安倍さんが「我々はそんなことをしなかった」と突然言い出すから、韓国で反発が起こる。時間が経てば、歴史を解釈し直すことへの反発も弱くなるでしょう。安倍さんが、過去を一〇〇パーセント否定し、「実はすでに補償しました」と言うから、反発される。結局、こういう言葉は、相手の感情を害します。個別補償、歴史問題、教育に関して、各々やらず、適当にし、自分が見たいところだけ見ている。

韓国政府は、日本から補償を一部もらった。なぜ慰安婦も徴用工も損害賠償を日本に請求するのか？ 韓国は、以前は民主化されていなかった。軍事独裁時代には、誰も一言も言えなかった。その後、キム・デジュン（金 大中）大統領、キム・ヨンサム（金 泳三）大統領を経て、韓国社会は自由化することができた。世界で一番早く自由化になった国です。誰もが何でも言えるようになった。だから一部の人が、慰安婦問題や徴用工問題を研究する集会を開くようになった。

それは、韓国社会の一部のことなのだから、日本は無視すればよかった。それなのに、日本政府は強く反発した。結局、今度は、日本政府と韓国の社会運動との対決になってしまった。実際、韓国の政治は、あまり関係していなかった。社会運動が盛り上がっただけだった。この社会運動家たちは何を利用したかというと、国際的な人権組織、例えば、国際連合世界人権機構や国際人権連盟やアムネスティ、ILO、UNESCO、米州機構などを利用した。中でも米州機構は、ワシントンの政治の傘下にある。よってこの問題が、世界中に広がっていったわけです。

慰安婦問題も徴用工問題も、実際は韓国政府の内部の問題だった。以前は軍事政権で言論統制があったから、何もできなかった。自由化したから、彼らは、国際的人権組織に訴えた。人権組織もそれをチャンスとして、アメリカ議会に上がった。[3] アメリカ側は、マイク・ホンダ[4]さんが中心になった。慰安婦問題で日本を非難している中国も声を上げた。そして、二〇一三年、「慰安婦問題を象徴する少女像」（平和の少女像）がカリフォルニア州に続いて、他の州にも設置されました。その後、韓国、アメリカ合衆国のみならず、世界中（カナダ、オーストラリア、中華人民共和国、中華民国、ドイツ）に慰安婦像が設置されましたね。

マイク・ホンダさんは、日系アメリカ人でしょう。そのホンダさんが先がけて、この慰安婦問題を問題化したので、私もびっくりしました。なぜ日系なのに？　やっぱり票ですよ。自分が議員に残るため、力を築くためでしょう。しかも彼は、人権派の議員ですからね。

アメリカは人権を守る国だから、人権という大義名分でアメリカを利用しようとした。それで日本が失ったのは信頼、それだけでなく性奴隷のイメージがついてしまった。それまでアメリカ人は、何も知らなかった。しかし、それをきっかけに、「これ何だろう？」と関心を示し、「エッ、日本がそんなひどいことをしたの？」とかえって問題に火をつけてしまった。これに対して日本政府は、設置された少女像を無理やり撤去しようと、アメリカ政府に対して働きかけた。それは違法です。黙っていたらそのうち立ち消えになるところを、日本政府が過剰に反応したからこそ、かえって大騒ぎになったのです。安倍さんはね、その辺で大損しましたよ。かえってイメージが悪くなってしまった。安倍さんは、国としての戦略を間違えたと思います。

一方、韓国人がベトナム戦争に行って何をしたか？　残虐だった。ベトナムにはライダイハン（韓国兵士の落とし子）がいますが、韓国人は面倒を見ようとしない。ベトナム慰安婦の問題、これだけ見ると、我々のふるまいをどう説明するのか？　全然説明できないじゃないですか。戦争は、戦争という文脈の中で見ないとダメなんです。負けた人間が悪いことになってしまうものなんです。

――非常にニュートラルなお考えだと思いますが。

李　私は中立ですよ。中国に対しても、いい感情を持っています。北京、上海とか、深圳とか、みな大都会です。そんな大都市から一時間も走ると、もうそれはひどいものです。中国は中国なりの生き残るための政治家の戦略がある。それを非難することはできない。相手を認めず、私だけが正しいというのもおかしいじゃないですか。ねえ？

日本でも世論の中心になっているのは、年寄りでしょう。それは変わらない。だから、過去のイメージはなくならない。しかし、そんな人間が亡くなると、問題はなくなるでしょう。昔の悪いイメージを持っている日本の政治家が亡くなり、韓国の政治家も亡くなる。そうなれば、仲良くなれる。時が経てば、いずれ問題は解決すると思いますよ。だから、将来を肯定的に見ていきます、私は……。

――経済は利潤のみを追求するということで、叩かれることが多いですが、政治も同じだということでしょうか？

李　はい。結局、政治も経済も、同じく切っても切れないということです。ある産業がうまくいくのも失敗するのも、政府の戦略によって決まる。例えば、ディスプレイ関係もメモリ関係も、全部政府が支援したから成功できたんです。韓国政府が、サムスン電子やヒュンダイ自動車をバックアップしている。政府の支援で、サムスンもヒュンダイも技術開発ができたんです。研究開発をする。そして、成功してきた。経済界は、政治家に借りがあるんです。だから、闇のやりとりもあるんです。国民の税金ですが、政策を実行するのは政治家なんです。政治家から恩恵をもらった。だから、永遠に癒着がなくならない。お金がないと、国を動かすことはできない。そのお金は財界からのもの。だから、韓国の大統領は、全員刑務所に行きました。

——一国の大統領までなさった方々が、なぜ皆投獄されるのかすごく不思議でした。

李 イ・ミョンバク（李 明博）元大統領だけが、残っています。彼も危ないかな？ 韓国は、経済発展が急速だったから、いろいろ落とし穴がある。そこに陥ると、刑務所……。

韓国は日本よりも自由

李 韓国で、フィリピン出身の女性、リ・ジャスミンさんが国会議員になっています。日本ではありえないでしょう。フィリピン人が不法入国したフィリピン人のために働いています。リ・ジャスミンさんはリーガルに韓国に入り、韓国人と結婚して、帰化した。韓国人がアメリカにいて、アメリカ人になって、アメリカの国会議員になる。それと同じです。しかし日本では、衆議院や参議院で外国の女性が議員になることはありえない。日本人女性でも難しいですから。最近、法律で、三〇パーセントにするとか言ってますけど……。だから、女性が首相になるというのは考えられませんね、日本の場合……。

韓国は大統領も女性。フィリピンの女性が国会議員になる。その面、日本より自由です。不法入国した方にさえ、デモ権など保障しようとしているところです。フィリピン、ベトナム、モンゴル、中国、そして北朝鮮から不法に入国した人にも、人権がある。彼らの子どもも、正々堂々と入学できる。義務教育に関して、北欧社会並になってきている。

日本人の特徴

――日本について勉強して影響を受けたことは何ですか？

李　日本の社会には透明性がある。しかし、日本人は受け身です。消極的といえば失礼ですが、受け身です。韓国人は乱暴で、とりあえず前向きでやってみる。日本人は待っている。一方、韓国人には嘘が多い。人を騙します。だけど日本人は、絶対に人を騙さない。もちろん、たまには騙すこともあるでしょう。しかし一般的に、私が会った日本の方々もそうですが、日本人の心には透明性がある。仕事上でも、日本人と話し合うと、話の中で将来が見えてくる。玉ねぎ[5]（本心を言わないことの例え）じゃない。透明性と、率直、誠実、正直。正しい、そして、少し玉ねぎ（笑）。

日本人にも少しは玉ねぎの面もありますね。ソウル人のように（笑）。なぜか？ 例えば、日本人が「考えてみましょう」と言ったら、ノーなんです。しかし、韓国では「考えましょう」と言えば、前向きなイエスの意味なんです。日本と韓国では同じ言葉でも使い方が違う。それは文化の差です。韓国人は乱暴で、ハッキリと、「ダメ、やらない」と言う。日本人は、「考えてみましょう」と言って逃げます。

易地思之《ヨクチサジ》

李　客観的に評価しないとダメですよね。「中国人だからイメージが悪い」というようなことはもう許せないよ。難しいですがね。結局、一人一人の意識が変わらないとダメです。お互いに譲り合いながら、自分をアピールする練習をしないといけない。自分のほしいもの、好きなことだけ主張をすれば、客観的になれない。相手の立場を考えて、自分の考えを伝える。韓国には、「ヨクチサジ」（易地思之）という言葉があります。立場を入れかえて考えることで、英語で言えば、“put yourself in someon's shoes”（人の身になって考える）という意味です。

――この言葉と出会ったのは？

李　一九八六年ごろ、三二歳の時です。先輩の社長と利害関係で衝突した時、「自分だけの考えを押し出すのはダメだ」と彼から注意されました。いつも自信満々な、私の振舞いにも問題があったかと思います。自分の立場を十分話さなかったのは彼の責任、それを考慮しなかったのが私の問題だった。お互いに相手の立場を理解しなければうまくいかない。打ち合わせした時、「アッ、すまない」と言えた方が得でしょう。

私も年を取りました。間違いなく年寄だなあと思います。しかし、考え方だけは若いつもりです。二十代だと思っています。それがおかしく見えるらしい（笑）。人生いろいろって言いますでしょう。だから、自分だけじゃなくて、相手を認めないと……。

――日韓関係で私たちにできることがあるとすれば、何でしょうか？

李　韓国には、「ギョルジャヘジ」（結者解之）という言葉があります。「結んだ者がそれを解くべきである。つまり、自らがやったことや自分の過ちは自分で解決しなければならない」という意味です。私たちがそれぞれ結び目をほどいて、一人一人が解決して行かなければならない、と考えています。

註

1) 自衛隊法や武力攻撃事態法など改正一〇法案を束ねた「平和安全法制整備法案」と、他国軍の後方支援を随時可能にする新法「国際平和支援法案」の二本立て。

2) 二〇一一年八月一日、自民党衆議院議員、新藤義孝、稲田朋美、佐藤正久の三名。

3) 二〇〇七年米国下院議会「従軍慰安婦問題の対日謝罪要求決議」（アメリカ合衆国下院一二一号決議）

4) マイク・ホンダ（一九四一～）、日系三世、アメリカ合衆国カリフォルニア州民主党下院議員。

5) ソウルの人間は、「玉ねぎ」と呼ばれる。剥いても剥いても、最後まで何も入ってない。何もない。なぜ玉ねぎと言われるか？　朝鮮戦争の時、北から共産勢力が南下して、ソウルの人がプサンまで逃げた。そこでぶつかり、当然話し合う。ソウルの人間は最後まで自分の心の内を話さないから、プサンの人がソウルの人を玉ねぎと呼んだ。玉ねぎというのは内心はわからず、本心を言わない。そして相手を利用する人のこと。

3

休戦中の「韓国」で平和を考える

盧　兪辰（ノ・ユジン）

アジア平和文化交流の会事務局長、ユジン（唯眞）ツアー株式会社代表。

1962年、カンヌン（江陵・江原道）生まれ。1985年、江原大学校経済学部卒業、2007年、漢陽大学校国際大学院修士課程（日本学）修了、1985年、ＫＩＤ（韓国産業開発研究院　Korea Industrial Development Institute）に研究員として勤務、1995年、観光通訳案内士（日本学）。

韓国には「平和の旅」というツアーがある。参加者の多くは歴史愛好家で、近現代史における日韓問題の現場を直接目にしたいという日本人だそうだ。ノ・ユジン（盧 兪辰）さんは、この「平和の旅」を含め、観光旅行など日本語専門の通訳ガイドだ。日本人と数多く接する機会の多いノさんが見た日本人とは？ ガイドとして、昨今の日韓関係をどのように見ているのか？ なぜ日本語を学び、日本人専門のガイドをしているのか？ また、休戦中の韓国にとって「平和」が意味していることについて、その思いを語ってくれた。ガイドという職業柄か、ノさんはとても人あたりがよい。別れ際「ソウルでお待ちしています」と優しく微笑んだ。インタビュー当日も、釜山への出張から息を切らして、駆けつけてくれた。

このインタビューは、二〇一五年七月二二日、ホンデ（ソウル）にて、日本語で行われた。

「平和の旅」のガイドとして

――ノさんのお仕事は、日本人旅行者を案内することですか？

盧　はい。「平和の旅」をご存知ですか？ 私のお客様は、「平和の旅」が目的で、日本からいらっしゃいます。事前にセッティングして、こちらではそのツアーを行います。ほとんどの方が、韓国の、特に近現代史についてすごく勉強されています。どこにお連れしても、感謝の気持ちや謝罪の気持ちを持っていらっしゃいます。例えば、「ナヌムの家」を訪問されます。

――「ナヌムの家」は、元従軍慰安婦の方々が共同生活をされているところですね。

盧　はい、そうです。韓国では従軍慰安婦という言葉は使わないですね。正式には「日本軍慰安婦」という言葉を使います。「ナヌムの家」に行き、ハルモニ（おばあさん）たちから話を聞いたり、一緒に歌ったり、泣きながら共に時間を過ごします。そんな雰囲気です。

これとは別に、私は、普通の観光客相手の仕事もしています。一般的なグループ観光に付き添って、ガイドをしています。

――グループ観光も日本人観光客が相手ですか？

盧　もちろんです。「平和の旅」でいらっしゃる方々以外の一般的な観光客の方々には、韓国の近現代史や日本との関係の中でも、つらい話については、できるだけ触れないようにしています。普通の観光客の方々は、そんなことは聞きたくないでしょう。もし話してしまったら、ちょっと気まずくなることもありますからね。

しかし「平和の旅」でいらっしゃる方々は全然違います。例えば、景福宮の中に、閔妃《ミンピ》の殺害事件[1)]があった場所があります。そこへ行くと、涙を浮かべながら、私の話を聞いてくださいます。歴史をよく勉強されていらっしゃる方がほとんどです。

――韓国訪問前に歴史などについて学んできているということですね。

盧　はい。事前に勉強して訪韓される方が多いようです。例えば、ソウルに着くと、まずタプコル公園（パゴダ公園）に行きます。三・一独立運動発祥の地であるこの公園には、独立宣言書が朗読された八角亭やその様子を描いたレリーフ、独立運動家の銅像があります。一九一九年三月一日の独立万歳運動[2]に思いを寄せながら、この旅がどうなるのかを考える時間を持ちます。その翌日、安重根《アンジュングン》義士記念館[3]や西大門の刑務所へ行きます。当時の朝鮮人たちがどのように投獄され、監禁され、拷問されたか、その現場を直接見て、参加者は何かを感じるのでしょう。皆さん「ほんとにつらい気持ちになりますね」と言ってくれます。午後には、「ナヌムの家」に行ったり、独立記念館に行ったりします。

また、何かテーマを決めて、例えば白村江（錦江河口付近）へ行くこともあります。六六三年、天智天皇が朝鮮（百済遺民の連合軍）に派兵し、唐・新羅連合軍と戦った場所です。朝鮮半島へ介入、大敗した結果、日本では壬申の乱（六七二）が起こりました。また、倭城の跡地を探しに行くこともあります。文禄・慶長の役（朝鮮出兵、一五九二～九八）で豊臣秀吉軍が築いた拠点城郭です。一度「平和の旅」に参加された方たちが、他のツアーにも参加される場合も多いです。つい先日、日清戦争のきっかけになった東学党の乱（甲午農民戦争、一八九四）のゆかりの町を巡るツアーがありました。「どういうきっかけで、なぜ起こったか？」、「日本とはどんな関係だったか？」について、参加者の方々は一生懸命勉強されてきます。

全羅道のチョンウプ（井邑）という農民蜂起があった場所まで行く時もあります。そこには記念館があり、農民たちが集まった場所や激戦地などの現場があります。「なぜ東学農民運動がそこで起こったのか？」という疑問から、現場の野原まで、見に行きます。日清戦争は実際、戦場になったのは韓国と中国でした。現場を見るため中国まで行かれる方もいます。「自分の目で直接現場を見てみたい。歴史を忘れない」という思いから参加されたそうです。

E・H・カーの言葉にあるように、歴史というのは、「現在と過去との絶え間ない対話」であると思います。結局、過去を振り返らないと現在のことも素直に見られない。そういう視点で、現場を直接見にいらっしゃる日本の方々がいます。「平和の旅」に参加する皆さんは、日本と韓国との間のつらい過去、学校では習ってこなかった歴史を学び、確認することで、両国関係の明るい未来を強く希求していると感じます。

普通の観光旅行もそれはそれでいいものです。この仕事を始めてから二十年以上になります。

学生時代に日本語を学ぶ

――大学では何を専攻されたのですか？

盧　大学では経済学を専攻しました。この仕事をしているうちに、もっと日本語を深く知りたいと思い、大学院の日本学科へ入りました。その時教えて頂いたことが、今でも役に立っています。

日本語は大学二年の時、単位を取るためというだけの理由で、受講しました。「彼を知り己を知れば百戦危うからず」という中国語の諺（孫子の兵法）がありますが、相手を知らなければ勝てない、相手を知るためには絶対勉強しなければいけない、と思いました。私が大学に入学した八一年は日本語ブームでしたし、日本は学ぶべきことがたくさんある国だと認識していました。日本を知るためには、日本語を勉強しなければならないと考えました。私は歴史が好きだったので、もっと日本のことを知りたいという思いがありました。一九八〇年代は、チョン・ドゥファン（全斗煥）大統領で、民主化運動の時代でした。反日教育というよりは、民主化運動が主なイシューでした。

大学卒業後、ＫＩＤ（Korea Industrial Development Institute：韓国産業開発研究院）という韓国政府のプロジェクトに関わる民間の研究所で、七年間研究員として勤めました。

——どのような研究ですか？

盧　産業経済に関する報告書を書く仕事です。商工府という政府の部署での契約の報告書等です。例えば、「韓国の電気産業の現況と展望」といった研究をしました。

ＫＩＤに七年間勤務して、いろんな本を読む必要があり、日本の書籍もたくさん読まざるを得ませんでした。最初、日本語の会話は全然できず、漢字の読み方もよく分からない状況でしたが、後には翻訳ができるようになりました。

——ノさんの世代は韓国で漢字を使用していましたか？

盧　使っていました。報告書を書くため、私は特にたくさん漢字を書かなければなりませんでした。研究所を辞め、趣味として日本語会話の勉強を続けようと思い、学院（語学塾）に行ったのです。国家試験に合格し、一般の観光のガイドを十年以上やりました。そして「平和の旅」との出会いがありました。

——訪問の目的が何であれ、日本人が韓国に来ること、韓国を知ることが大切だとお考えですか？

盧　はい、そう思います。「平和の旅」の方も、一般の観光客の方も、是非韓国へ来てほしいです。歴史が好きな方、話が好きな方、質問がある方には、いろいろお話します。美味しい食べ物の話とか、ファッションとか、最近の韓国の話題のスポット、流行やニュースなどについて話をしているうちに、お互いに理解し合えるものだと思っています。

――研究職、そしてガイドとして、ガイドもそれぞれのニーズに対応して、お仕事されてきました。今までのご経験から、日本、あるいは日本人に対して、どんな印象をお持ちですか？

盧　日本の方は「縁」をとても大切にします。いったん親しくなったら長くつきあえる方が多いと思います。私は今まで、両極端な仕事をしてきました。お客様の層も多様でした。一番大切なのは、両国が仲良くなってくれることだと思います。両国がよい友好関係になるとたくさんの交流ができます。私たち通訳ガイドは、いつも民間外交官のような役割を果たさなければならないと言われます。日本からたくさんの方が韓国にいらっしゃるようになることを願っています。また、訪問する国のことをもっと理解するために、より深く勉強したいという方が増えていってほしいと心から願います。

過去の悲しい歴史に蓋を閉めたままにしてはいけない
——具体的にはどのようなことでしょうか？

盧　近現代史についてもっと知ってほしいということです。歴史的に見ると、日本との関係がすごくよかったのは百済時代です。華やかな時代でした。朝鮮と日本の交流が盛んだった時代では、両国はとてもよい関係でした。しかし近代に入ってから、両国の関係は冷たいものになってしまいました。近代史の起点になるのは、一八七六年の江華島不平等条約[4)]です。その時から、日本との関係が悪化してきました。もちろん当時は世界中が帝国主義一色でしたから、その波が、この東アジアにも押し寄せてきたのだと思います。

韓国は日本と地理的に一番近い国です。過去の悲しい歴史にそのまま蓋をしてしまってはいけないと思います。蓋を開けて、痛いところは痛いとはっきり言って、慰めるところは慰めてもらって、明るい未来のために、両国が仲良くなっていければと強く願います。その鍵になるのは、人と人のふれあいにあると思います。

特に願っているのは、韓国、日本と中国の三国の関係がよくなることです。アジアのリーダーはやはり日本ですね。もちろん中国は経済的にすごく伸びている。経済成長率が一八パーセントになったこともある位です。しかし近代に入ってから、やはり先進国としてリーダーはいつも日本でした。今も……。

ですから、私が考えるのは、日本がこの東北アジアのリーダー国として、もっと心を開いてほしいです。例えば、過去、隣国に対して傷つけたことを認め、国、政治としてはわからないけれど、例えば日本軍慰安婦のハルモニたちに、悲しい過去のことを謝罪してほしいですね。ハルモニたちは、今もう平均年齢が八十歳以上です。もうすぐ皆亡くなってしまいますよ。「お金はいりません。私たちはただ日本の政府が謝ってくれるのを見たい」とおっしゃっているだけですね。過去に痛手を与えた隣国に、日本の政府が素直に謝罪してくれたらと、私は思っています。最近、安倍政権は突っ走っているじゃないですか。日本の方たちに、「ちょっとがんばって安倍政権を止めてほしいな」という気持ちでいっぱいです。

——職業柄、一般の日本人と直接接することがあると思いますが、どのようにお感じですか？

盧　一般の日本の方はすごくいい方たちばかりです。とても礼儀正しく、約束をよく守ってくださる。そしてやさしいです。ほんとにいい方ばかりです。やはり中国の方々に比べたら、日本人は素晴らしいです。中国の方はまだ、国際的なマナーがわかっていないと思います。海外旅行自由化になってから、まだ何年も経ってないからだと思います。「マナーを守ってほしい、順番に並んでほしい」と思う時がよくあります。日本の方は、絶対にそんなことはしないです。

日本の方たちにリクエストするとしたら、韓国を理解するために歴史をもう少し勉強してほしいということです。学校でも、日韓関係の正しい歴史を教えるべきだと思います。日本国内での右翼の誤った活動に異議を唱えるように頑張ってほしいです。日本の中には平和活動をなさっている方がたくさんいらっしゃいますが、もうちょっと頑張ってほしいなという気がします。

情の深い韓国に是非来てほしい

――韓国で道に迷って尋ねると、通じなくても助けてくれます。すごく親切ですね。

盧　「韓国人は情が深い」と言われます。道に迷うと、日本人はよく地図を見ますね。韓国人はすぐに人に聞き、教えてもらうことが多いです。情が深いのは、私たちの民族性です。

――韓国の方は人と人とのつながりを大切にされていますね。ガイドの仕事はいかがですか？

盧　楽しくやっています。私にとってガイドの仕事は、お金に関係なく楽しいです。ツアーの日程は、二泊三日あるいは三泊四日が普通です。私の場合は、団体旅行で、全国を回るようなツアーが結構あります。ソウルだけじゃなく、プサン（釜山）やオニャン（温陽）[5] など、いろんなところへ行きます。ずっと一緒に過ごしていると、家族みたいに感じます。帰られたら、メールが届きます。また、韓国に初めて訪問する方と出会ったら新しい話ができるんです。同じコースを巡っても、ずっと同じではないですね。お一人お一人のお話がぜんぶ違います。韓国に良いイメージを持って帰国され、「ああ韓国にまた来たい」という気持ちになるように頑張らなきゃ、と思っています。

韓国では「平和」に対して抵抗がある

――平和交流の会について教えてください。

盧　初めは韓国放送通信大学の学生たちが主に参加していましたが、今はいろんな会員がいます。「平和交流の会」は、平和について考える集いです。朝鮮半島は南北に分かれているから、「平和」という言葉自体この国にはふさわしくない、と私は思っていました。平和の反対が戦争ですね。韓国は休戦状態なので、逆説的に非常に平和を求めているが、平和になるのは本当に難しい国だと思います。会員たちも最初は「平和」という言葉に違和感を持っていたので、なかなか受け入れられませんでした。日本語会話を学習する目的もありましたが、何回も集って話を進めて行くうちに、違和感や拒否感を持たずに「平和についてちょっと考えてみましょう」と言えるようになりました。

――「平和」という言葉に違和感や拒否感を持っているということですか？

盧　はい。「平和」という言葉は、人類が目指していかなければならない素晴らしい命題ですが、会員たちは「平和」に拒否感を持っていたと思います。私もそうでした。「韓国がこんな状態なのに、どんな意味の平和ですか？」と最初は思っていました。日本からいらっしゃる方が「平和ツアー」に参加されて、「何が平和ツアーですか？」と私自身気になりました。西大門刑務所に行く時もつらい話ばかり出てくるのに、「これが平和ですか？」と思っていました。何度も行くうちに、「ああ！　戦争は二度としない。絶対にしてはいけない。だから、平和が大切なんだ」とわかるようになりました。

北朝鮮の核問題やミサイル問題があります。最近、日本も中国も軍備を増強しています。平和と反対の方向に走っています。一人の力はとても弱いものですが、一人が少しずつでも声を出さないと、平和は、タダでは来ないと思います。ですから、この交流会への参加が大切だと思っています。

――最初と比べて変わりましたか？

盧　変わりました。月一回、開かれますが、日本人も参加するようになりました。毎回です。往復の航空代、宿泊、食事等費用をすべて自腹で韓国へいらっしゃる方がいます。そういう日本の方々に感謝をしています。日本では自分のお金を使って、「平和」活動している場合が多いようですが、韓国ではまだ、そのような意識が薄いのではないかと思います。

――それでは韓国の方も平和について考えてほしいということですか？

盧　そうですね。当初は会員に「平和」と言ったら、「エーッ！　それ何？」という反応が返ってきました。「それは重いテーマだから、もうちょっと軽い話をしましょう」と言う人が多かったです。

――参加者は若い方もいらっしゃいますか？

盧　はい、います。大学生です。ほとんど日本語ができる大学生たち、そして社会人です。

――今後どのような活動をされていきたいですか？

盧　私は、今までいろんな方に会いました。平和な社会を作って行くためにすごく努力している方にもたくさん会いました。例えば、自分のお金で韓国に来て、徴用工の真相究明のために活動している富山の女性がいます。日帝強制徴用者の賠償のために訴え、戦っています。

私も微力ですが、今の仕事を通して、日韓の架け橋の一翼を担っていきたいと思います。

――夢は何ですか?

盧　特に夢というものはないですが、楽しく生きていきたいと思っています。若い頃には、いろんな願いがありましたが、今は楽しく時間を過ごしたいと思っています。そして、人との関係を大切にしながら、ボランティア活動も続けていきたいと思っています。それから恥ずかしいですが、自分の経験をいつか書きたいと思っています。

――朝鮮半島が一つになることを望んでいらっしゃいますか?

盧　それが、韓国人の夢だと思います。北韓と南韓の離散家族は約三十万だそうです。離散家族は一九五〇年勃発した韓国戦争が一九五三年の休戦後、ずっと七十年以上別れて暮らしている家族のことです。ですから、統一というのは、国民全体の願いだと思います。権力を握っている人たちの思いはわかりませんが、普通の一般国民は統一を希望しています。北朝鮮とこちらが一つになれば、人口七五〇〇万になります。休戦ラインがなくなれば、陸路でヨーロッパまで行けるようになります。朝鮮半島統一のためには回りの国々、日本、ロシアと中国の力が必要だと思います。これから韓国、日本、中国がよい関係になってほしいです。そうすると、みんなが平和に暮らせるのではないでしょうか。

註

1) 乙未《イッピ》事変。一八九五年一〇月、ロシアと結んで日本の勢力を排除しようとする親露派の中心であった閔妃《ミンビ》（明成皇后）を、宮廷内で日本公使・三浦梧楼が殺害した事件。

2) 日本の朝鮮植民地支配下に起こった民族独立運動。

3) アン・ジュングン（安重根）民族運動家。一九〇九年一〇月二六日、中国ハルビンで韓国統監府初代統監・伊藤博文を殺害した。

4) 一八七五年、江華島事件の後、朝鮮が清朝の冊封から独立した国家主権を有する独立国であること、片務的領事裁判権の設定や関税自主権の喪失という内容の日朝修好条規。

5) 忠清南道牙山市温泉洞にある国内最古の温泉。

K

大学生（経済学部）。1992年、ソウル生まれ。

Kさんは、色白で、背が高く、華奢な青年で、歴史好きの大学生だ。韓国人は、一八歳[1]で高校卒業後、ほぼ大学に進学し、大学一年生を終え、二年間の兵役につくことが多い。Kさんは軍隊の代わりにパブリックサービスに従事した。健康上の理由で、軍務を遂行できないと判断されたため、政府から指令を受けた。二年間の兵役は、軍隊に行く人だけでなく、公的サービス（公務員の仕事）に従事する人もいる。それは自分の意志ではなく、政府が決める。

彼の職場は、ある地下鉄駅で、自宅から通った。朝の九時から夕方六時まで働く公務員のように、外国人を助ける仕事をした。英語、日本語、中国語ができるので、道案内や切符の買い方、地下鉄の乗り方を手伝った。当時、日本で、「少女時代」とか「KARA」とか、Kポップに人気があり、外国人観光客の中でも、特に日本人が多かった。兵役（公的サービス）以外に一年間、病気で休学し、復学した頃に、お話を伺った。

インタビューは、二〇一五年七月二二日、Kさんの通う大学（ソウル）のキャンパスで、日本語と英語で行われた。

日本への関心

――日本に興味を持ち始めたのはいつですか？

K　小学校五年生のとき、人気があったＢＯＡ（韓国の歌手）が日本に進出し、日本で日本語の歌を歌い、人気が出ました。それ以来、日本の音楽にも興味を持つようになりました。日本の歌手……例えば、浜崎あゆみ、ラルクアンシェル（L'arc En Ciel）、ＧＬＡＹなど、そういう日本の音楽を聞きながら、日本に関心を持つようになっていきました。

中学・高校になって、東アジアの歴史に興味を持つようになり、韓国、中国、日本の歴史をたくさん勉強しながら、日本についてもっとよくわかるようになりました。歌がきっかけで、日本など東アジアに興味を持つようになったのです。

――進路はどのように決めたのですか？

K　韓国の大学選びは、年一度のスヌン[2)]によって決まります。本当は歴史を勉強したかったのですが、歴史を専攻すると、就職できないのです。高いレベルの大学の史学科より、レベルが低い大学の経営・経済に入ったほうが就職に有利です。歴史には興味があるけれど、趣味で勉強することにしました。将来のためには経営学だけでは足りないので、日本語や英語も勉強しています。歴史を専攻しなかったのは、親の考えもありました。父は、息子が、歴史や政治学を学ぶと、韓国社会で生きて行くのは危ないと考えたのでしょう。経営学を学んで、普通に生活するのがいいと言われたので、父の助言に従いました。

アジアユニオン

――歴史の勉強が好きだったのですね?

K　はい。世界史、ヨーロッパ史から勉強し始めました。英国、ドイツ、フランスなどが中心となって、ヨーロッパの国々は団結して、EUをつくりました。韓国、中国、日本は交流したけれど、最近、歴史問題や誤解、偏見などがあって、団結できない。もったいないと思います。日本人には日本人なりの偏見があり、韓国人には韓国人なりの偏見があり、誤解がありまます。歴史を勉強しながら、過去には交流ができていたのに、今は上手くいっていないので、とても残念だと思います。

――EUのような東アジア共同体ができることを望んでいるのですか?

K　はい。

――東アジアが団結したらいいと考えている韓国の若者は多いですか?

K　ほとんどいないです。なぜか? 韓国は、北朝鮮と休戦中です。それが一番大きな問題です。日本との間にも葛藤があります。韓国人は、日本人の謝罪が必ず必要だと言います。それがあってこそ、日本との正常な交流が可能になり、良い関係がつくれるのだと考えています。

中国や日本との政治問題のために、今この状況では問題が多すぎるから、東アジアユニオンを望んでいる人はいません。必要性はあると思うのですが……。東アジアユニオンのような団結にするためには、現実的な制約が多すぎて、東アジアユニオンのようなことを、現実的に考えるのは難しいのです。

万一北東アジア共同体が可能となれば、北東アジアの経済規模は大きいし、ヨーロッパよりも大きな潜在性がある、と韓国では推測しています。一番大切なことは、韓国と北朝鮮が統一すること……。それがまず前提だろうと思います。韓国と北朝鮮が休戦中では、難しい。日本と中国と韓国の学者、大学教授の間で、歴史認識に関する激しい論争がありますが、彼らが集まって、近現代に関する共通の教科書を作って、三国の教育現場に反映させることによって、誤解がとけて、偏見がなくなるのではないか。そうすれば東アジア共同体が作れるのではないか、と願っています。

韓国人たちが日本人に対して持っている不満、日本人が韓国人に対して持っている不満には、それぞれ理由があります。客観的に見ると、日本人の考えもわかります。「どうして韓国人は、いつまでも謝罪を要求するのか？」という一般の日本人たちの疑問が、日本人の立場に立って考えると、理解できます。こういったことは、交流がないから生じる問題であって、例えば、韓国と米国の間には誤解や偏見が少ないと思います。日韓間では、交流も、対話もあまりないので、誤解や偏見が多いのだと思います。

——どうしてそのように考えるようになったのですか？

K　韓国で、こういう話をするのは難しいことです。それは、北朝鮮のことがあるからです。例えば、韓国では共産党はあり得ないです。そのくらい北朝鮮とは敵対しているのです。北朝鮮の問題があるから、こういう話をすると、「あなたはアカじゃないのか」と言われて、国家保安法でしょっ引かれ、勾留される恐れさえあるでしょう。それは、韓国がまだ戦争中だからです。

——友達と国際政治の話をしますか？

K　家族や先生と話すことはよくありますが、友達とはありません。こういう話は、韓国人の間ではできないのです。今の韓国人の立場、北朝鮮との戦争を終わらせなければ、こういう話はできるようにならないと思います。

日本の政治家の謝罪が必ず必要です。昭和天皇や首相、日本の政治家がかつて謝罪したことはありました。そして、今の天皇（明仁上皇）が謝罪をしたことを韓国人は知っています。と同時に、今なお、日本の多数の政治家や右翼は毎年、靖国に参拝していることも知っています。また、最近の右傾化している日本の状況を見ると、結局謝罪をしても、「日本は変わらない。同じだ」と思われているのです。政治家などが暴言を吐くと、表面では謝っているけれど、心の中では謝っていないと感じるのが、韓国人の一般的な見方です。

韓国人と日本人との問題の多くは、対話をしないことから起こったものだと思います。今年は、日韓国交正常化五十年で、また文化開放[3]から十年経ちましたが、依然として制約があります。例えば、韓国のテレビ放送の音楽番組で、日本語の歌が流れることはありません。以前、中島美嘉がテレビで「雪の華」を歌ったことがあります。しかし、歌詞を韓国語に変えていました。日本の歌手がテレビに出るのはいいが、日本語のままではダメです。日本でも同じ（テレビで韓国語を流すこと）じゃないですか？

——日本のテレビでは、韓国の歌やドラマを韓国語のまま流すこともあります。テロップ（字幕）で、意味がわかるようになっています。韓国の歌手や俳優もテレビに出ています。日本では韓国の音楽やドラマが好きな人もいます。

K　そうですか。日韓の交流が続いているが、自由な交流がありません。政府の干渉がまだまだあります。ありのままの状態ではない。だからきちんとした対話になかなかならないのです。なぜなら、お互いにありのままの自分を見せることが対話だからです。今は対話が実現しにくい状況だと思います。真心から行われる対話がなかなか実現しづらい状況なので、問題が解決せずにいるのではないかと考えます。

――大学には同じような考えの友人はいないのですか?

K　いいえ。学生の大多数は、日本にも、中国にも関心がありません。韓国の新聞、言論メディアは、あるがまま見せるのではなく、見せたいものだけを見せています。マスメディアの情報を、大多数の韓国人はただ受容しているだけです。一方、日本ではいろんな意見を伝えていますね。「謝罪をすべきだ」という意見もあります。右翼の意見も出ます。在特会(在日特権を許さない市民の会)はひどいですが、韓国のメディアは、そういう日本の極端な右翼的な意見だけを伝える傾向があります。そのため韓国人は、日本人全部がそう考えていると思っているのです。だから、韓国人は日本人を好きになれないのです。大多数の韓国人は日本に対して否定的になってしまいます。そのため、私のような考えを持つことは、簡単ではないのです。

私は韓国のニュース、日本のニュースも見ます。韓国人の中にも日本のテレビを見る人がいます。日本のニュースを韓国語の字幕付きで見ることもできます。Youtubeでも見られます。韓国の中にも、リベラルな人や真実を見ようとする人が少しはいます。変更された、ゆがめられたイメージ、見せたいものだけをマスメディアが伝えるので、「日本人はこういう民族だ」と否定的な気持になり、それ以上考えるのをやめてしまうのです。
日本のテレビ番組を見ると、自分の立場だけで考えているように思えます。日本人の価値だけで考える。日本のマスメディアも韓国の悪いイメージを流すので、日本人も「韓国人はこういう人たちだ」と否定的に考える傾向があるでしょう。同じように、韓国人も「日本人はこういう人たちだ」と考えます。しかし、それは事実ではないのに、ますます距離ができてしまうのです。

――思考のプロセスとして、他者と向き合うこと、本を読む、対話によって、自分の考えをより明確なものにしていきます。あなたは対話する相手がいますか?

K　こういう話をし始めると、「お前は売国奴」とか、「親日派」とか言われます。僕が中学生の時、ちょうど日本の大衆文化が解放されました。日本の音楽を聞いただけで、「おまえは親日派《チンイルパ》!」と、まるで犯罪者のような扱いを受けます。だから友達とそういう話をするのは難しい。親、あるいは先生とだけなら、話すことはできます。かなり親しい友人でなければ、話せません。私には「自分はKの考えと違うけれど、Kのように考えることもできるよね」という友人が一人だけいます。

――その方は賢い人ですね。

K　そうです。彼は韓国の歴史を専攻しています。韓国史専攻なので、日本に対してとても反感が強い。それにもかかわらず、私の話をよく聞いてくれるので、いい友達です。

日本人も、韓国人の悪いイメージだけを見て、否定的にならないでほしい。「日本は韓国の近代化を助けた」と考えている日本人がいることは知っています。しかし韓国人は、「国を奪われ、韓国は被害者だ」という意識を持っています。だから、「どうして韓国人は謝罪ばかり要求するんだ！」と決めつけずに、被害者の立場に立って考えてみてほしい。例えば、レイプされた女性は、死ぬまでその体験を忘れないでしょう。加害者は、自分の犯した罪を忘れてしまうものです。今の日本の若い人が加害者とは言わないけれど、韓国人は被害者なので、日本人の発する一言一言が、韓国人の心を傷つけてしまうことがあるのです。なんでも過敏に受け取ってしまうのです。

被害者の立場に立って考えてみるのは、大変なことでしょう。なぜなら、日本は歴史上一度も植民地を経験したことがないからです。だから、被害者の立場に立って考えることは難しいでしょう。しかし日本も終戦以降は、アメリカに占領され、国権を奪われました。一九五一年のサンフランシスコ条約で独立を勝ち取るまで、終戦後六年間はアメリカに支配されていました。その時の経験をもとに、被害者の立場に立って考えてみたらいかがでしょうか。

歴史が好きだから、韓国の教科書をよく読みました。韓国の教科書は、民族主義的な傾向が強いです。韓国人は日本の教科書をよく批判しますが、韓国の教科書にも、特に日帝時代については、とても主観的な感情が入っています。例えば、日本人が韓国人を虐殺し、独立権を奪ったと、そういうことだけを強調して、誇張しているところがあります。

日帝時代には、悪い点もあるが肯定的な面もあった、と私は思っています。韓国にとって、日本によって支配された植民地時代は、悪いことばかりではなかったと思います。いい面もあったのではないかと……。例えば、朝鮮時代末期の人口は一三〇〇万人だったが、一九四五年に解放された時には、その倍になっていました。朝鮮半島は安定していました。日本が明治維新から近代化したことで、さまざまな技術が韓国にも伝わりました。

私が言いたいのは、日本がよくしてくれたとか、間違ったことをしたとかを強調することではなく、事実をありのまま客観的に見せてほしいということだけです。というのは、韓国社会では、日本の植民地時代について少しでも理想的な状態とする言論は受け入れられず、今の私の意見はそういう内容を含んでいるので、表に、つまり、出版物、マスメディアに出されては困るというのが、一般的な考え方です。

私の考えは、「教科書に客観的に記述してほしい」ということだけです。しかし、一般の韓国人はそうじゃないのです。

日本が、韓国に対してしてくれた肯定的な面は、例えば、人口が二倍になったこととか、朝鮮時代末期の平均年齢は二六歳だった（小さい時にたくさん死ぬから、平均するとそのくらいになる）が、日帝時代、平均寿命が五十歳位にまで伸びたこととかです。こういうことは、韓国統計庁のデータを見て初めて知りました。だから政府機関は、こういう肯定的な面も認めるべきだと思います。

日本の右翼はこういうデ—タをよく知っていて、日本は東アジア、韓国や中国を守ったと言う人がいます。確かにそういう事実はあります。しかし、それは韓国人には受け入れられない。なぜなら、韓国人は被害者だからです。

事実というのは、どういう風に見るかによって、歪められてしまうものです。イデオロギーによって、変えられる。僕はただ事実を事実として、客観的に見たい。それだけです。

——韓国の統計庁のデ—タというのは、誰でも見ることができるのですか？

K　はい。誰でも見られます。あなたでも、インターネットで。パスワードは必要ありません。オープンで、韓国にいれば、コンピューターで、誰でも見られます。ハングルさえわかれば、わかります。ただし、「データ―を見ても悪いことに使わない」という誓約をします。国会の図書館に、一般人が入れます。

韓国の若者

――韓国の学生は本を読まないのですか？

K　韓国社会は「パリパリ社会」、「早く、早く」と急ぐ社会です。本は読むのには時間がかかります。それに比べて、インターネットは早い。実際に、本を読んだからといって、社会ですぐに役立つものではありません。韓国は実学重視なのです。

――あなたは自分の頭できちんと考えられる人ですね。

K　他の韓国人は、あまり自分の頭で考えません。韓国社会は、内需市場が日本の市場に比べると、小さい。だから、一番の人だけしか生き残れない社会なのです。日本では、ＡＫＢ48でも、Ｋポップでも、ジャズでも、クラシックでも、何でも生き残れます。韓国は、皆がついていくのは一番の人だけ……。流行に敏感で、あるアイドルグループに人気があると、皆がそれを追いかけるようになってしまうのです。

日本のように市場が大きいと、マーケットが広いと、いろいろな試みが可能になり、その結果、さまざまなジャンルが生まれてきます。韓国はマーケット、需要が小さいので、考えることができないのです。

韓国では、流行りの学問がよく変わります。二十年前は、コンピューター工学が大人気でした。しかし、IMF時代[4]には、医者、漢方医、東洋医学に人気が出ました。しかし、今はまた、工学系に人気が出てきました。特に、機械工学です。人気がある分野が、流行によってコロコロ変わっていきます。経営や経済は安定して人気がある。日本はどうですか？ デザイン学部では、十年前、視覚デザインに一番人気がありました。今一番人気があるのは、繊維系デザインです。「人気のない分野を選んではいけない」と大人は言います。従兄弟は、歴史を専攻したのですが、「どうして歴史を専攻したの？」、「歴史を勉強してもお金稼げないよ。飢え死にするよ」と、毎日親から言われたそうです。

韓国は答えが決まっている社会です。医学、漢医学、工学、経営、経済、それ以外は必要ないと言われている社会です。

日本では東京大学以外にも、地方に京都大学などレベルの高い国立大学がありますが、韓国にはありません。ソウルに大学が集中している。プサンにも国立大学があるにはあるが、あまり人気がありません。ソウル大学以外は、ソウルにある私立大学だけに人気が集中している。給与水準から考えると、授業料は高い、物価も高い。だから韓国の大学生は、すごく大変。地方出身者は、特に大変です。

ソウルの大学生の半分以上は、地方出身です。地方はあまり稼げないからです。地方から出てくると、お金がたくさんかかります。アルバイトをしても、時給は六〇〇円くらいです。地方の学生の負担は大きい。学費に加えて、一人暮らしにかかるお金を払わなければならない。韓国バイトの時給は、すごく安い。日本の半分ぐらいしかない。しかも、交通費は出ない。日本は最低賃金が決まっていて、プラス交通費がある。韓国ではチップの習慣もない。サービス業では、一生懸命サービスすると、たまにチップをもらえることもあります。一回二千円くらい。自分はアルバイトをしたことがないので、友達から聞いた話ですが……。

日本に比べると、就職の市場規模が小さい。だから就職するためには、たくさんの資格を持っていなければならない。中でも英語力はとっても大事です。アメリカに留学する学生も多い。しかしお金がすごくかかる。大卒の初任給は、サムソン電子とヒュンダイ（現代）自動車が、業種に関係なくトップで、年収七〇〇万〜一〇〇〇万円くらい。超有名企業なら給料はものすごくいい。全社員の平均年棒が一千万円くらい。一等ならいい。二等以下ならスゴク安い。日本には、自動車業界、鉄鋼業界等など、それぞれの一等があるが、韓国にはそれがありません。

韓国の高校生は、「ソウル大学か、延世大学、あるいは高麗大学に入らなくてはならない」とよく言われます。入学してからは、「おまえは、ヒュンダイかサムソンに就職しなければならない」とも言われます。大学に入学したら、休学しながら勉強して、ヒュンダイ、サムソン、金融、人気のある大手の銀行を目指す。韓国の大学生が目指すのは、決まっているから、考える必要がない。大学受験に失敗したら、SKY（ソウル大、高麗大、延世大）に、もう一度トライする人が多い。よいところに就職できなかったら、もう一度トライ。例えば、延世大学は、スヌン（能力試験）で二番目に高いレベルですが、入学者は一浪の人が多い。延世大学には、平均二浪して入っている。現役入学者は三〇パーセントだけです。

――そういう生き方に疑問を感じませんか？

K　仕方ないと思っています。韓国の男は、兵役が二年あります。男子の負担が大きい。男はお金を稼がねばならない。デートしたら、男がお金を出す。もし出さなかったら、「この男、ちょっとマナーないわ」と思われてしまう。

――日本では、若者はデートでも割り勘することが多いと思います。

K　韓国では、年長者であれば、たとえ一歳上でも（お金を）出すのが普通です。男の負担が大きい大変な社会なのです。これは長所も短所ある。反面、女性は、社会に出て成功することが難しい。女性は、家事をしなければならない。女性は、女らしさを維持しなければならない。女性は、就職市場で差別を受ける。きっと女性は女性なりに不満がたくさんあるのでしょう。

――いろんな立場で物事を見ることができるのですね。

K　自分は一人っ子で、両親から甘やかされて育ちました。二人の愛情、教育、すべて自分一人に注いでくれた。だからわがままで、友達がいなかった。高校生の時、友達の一人が「変わらなきゃいけない」と、「自己中心的だから、変わらなきゃいけない」と忠告してくれました。それから、自分で変わろうと努力するようになりました。

韓国には、いじめの文化がない。おかしいなら、「おかしい」と率直に言う。でも、本当に変なら、いじめることもあります。でも日本よりはずっと少ないでしょう。十年位前、日本のドラマで「ライフ」[5]というのがありました。いじめをテーマにしたものでした。その時、日本のいじめはひどいと思いました。いじめられる側は、追い込まれて、自殺までしてしまう。

韓国には情の文化がある。友達でも悪いところがあれば、率直に言う。ペンが必要な時、自分がなければ、「貸してくれ」とも言わずに、友達のものを勝手に借りてしまう。それに対して「ありがとう」も言わない。

日本では、「借りてもいい？」と聞くと思いますが、韓国でも、親しくない人同士では、聞きますが、親しい場合は特に言う必要がありません。親しければ親しい程、何も言わなくなるのです。

韓国では汚い言葉、例えば、「犬の子ども」という意味の「ケセキ」という言葉があります。もしも口にしたら必ず、「何でそんな言葉使うの？」と言われる程使ってはいけない言葉です。しかし、親しい友人同士では平気で使っています。

――日本でも同じようなことがあります。仲間同士であえて汚い言葉を使うことがあります。親しい間で相手を「おまえ」、「こいつ」等と呼ぶことがあります。

K　関係が近いとそういう言葉使います。親しくなればなるほど。喧嘩した時、「ドブネズミ」とか「くそやろう」というような言葉を使うことがあります。親しくなった証しとして、使うのです。社会的に卑下するような言葉をあえて使う。特に男同士、あるいは親密な男女の間で。

安保・憲法改正

――安倍政権の掲げる安保・憲法改正についてどう思いましたか？

K　安倍首相は国家間のパワー・バランスのことをよく考えていると思います。ロシア、中国が隣に控えているからです。日本人の立場から考えると、安保法制案に賛成という意見は理解できます。韓国の立場から考えると、いい面と悪い面、両方あります。いい面は、韓国と北朝鮮は休戦状態なので、いつ再び戦争状態になるかわからない。だから同盟国としては、（万一北朝鮮との戦時の場合）自衛隊が来ると、韓国にとって助けになります。アメリカ、日本と韓国は同盟国関係でもあるし、中国とロシアに対抗できる勢力が必要なのに、東アジアでは、自由主義陣営で軍隊を持っているのは韓国だけという状態です。日本が軍隊を派遣できるようになると、新たな勢力の均衡状態ができます。この点では歓迎できます。しょせんアメリカは向こう側の国の人だからです。

韓国が一番恐れるのは、今回の法改正によって、日本が太平洋戦争のようなことを再びできるようになるかもしれない、ということです。天皇制についても、韓国人はそういう風に見ています。今の明仁天皇は戦争と関係ないが、昭和天皇のときに、戦争が起きました。「昭和天皇に間違いがあった」と韓国人は思っているので、天皇制に対しても否定的なんです。

韓国語では、「天皇《チョナン》」（＝エンペラー）とは言わずに、「日王《イルワン》」（＝キング）という表現を使っています。皇太子も、王の子、「王子」と言う。雅子様も「王子妃」と呼ばざるを得ない。そうでなければ、「親日派」と言われるからです。しかし、私はそういう言い方は正しくないと思います。なぜか？　それは韓国人が「天皇」と呼んだからといって、必ずしも天皇を「エンペラー」として敬う必要はないからです。エジプトの「ファラオ」とか、ローマカトリックのトップを「教皇」と呼んだからといって、敬っているわけではありません。それはただの名前です。「天皇《チョナン》」でも何でもいいと思います。

メディアとか新聞では、「日本の王」（日王）とわざわざ言い換えています。被害を受けたから、韓国人は「天皇」が大嫌いなので、そのような言い換えをわざとしています。ただし、外交の世界では、「チョナン」と使っています。あくまで外交儀礼においてだけです。それは、ローマカトリックのトップを教皇と呼んでいるのと同じことです。

こういうところに、日本の右翼は不満があるのでしょう。しかし、一般の日本人は、韓国の言葉遣いが、こういう風になっていることを知らないだけで、もしもわかったら日本人は皆、もっと怒るんじゃないですか？　怒るのは、右翼だけじゃないでしょう。

――日本では、特に一九五〇年代〜七〇年代に「天皇制」を制度として批判する声がありました。また太平洋戦争に対する天皇の戦争責任を問う声もありました。

K　日本では、進歩的な政治家でさえ、天皇制について何か言うことはタブーではないでしょうか。韓国でも、「あなた天皇についてどう思うか？」と「あなた北朝鮮についてどう思うか？」という問いは、タブー視されています。韓国では、独島は韓国のもの、それ以外の答えはあり得ないのです。

——あなたの夢は何ですか？

K　韓国と日本そして中国の三国間で、近現代に関する共通の教科書を作る。それぞれの教育現場に反映することで、誤解がとけて、偏見がなくなるだろう。そうすれば、東アジア共同体が作れるのではないか、と願っています。

註

1)　韓国では生まれた年を一歳と数える。数え年一九歳。

2)　大学修学能力試験、日本のセンター試験に相当。

3)　一九九八年、金大中大統領により日本大衆文化の開放が開始、二〇〇四年から第四次の文化開放が実施。

4) 一九九七年の通貨危機により、韓国は、国際通貨基金（ＩＭＦ）より資金支援を受け、財政再建、金融機関のリストラなどの構造改革を要請され、その後の経済体制に大きな影響を残すこととなった。

5) 『ライフ～壮絶なイジメと闘う少女の物語～』 壮絶な「いじめ」をリアルに描いたコミックを原作にしたドラマ。北乃きい主演。二〇〇七年、フジテレビ系列にて放送。

L

T社（日本企業）に就職し、日本在住。

1991年、ソウル生まれ。福岡国際学園インターナショナルスクール、カナダへワーキングホリィデー、多摩美術大学留学。2016年、弘益大学クラシックデザイン学科視覚デザインを卒業。

Lさんは、初対面でも物怖じすることなく、はっきりと自分の意見を述べることのできる女性だ。色白でふっくらとした面立ちは、相手を優しく包みこむ。たとえ過激な言葉を発しても、攻撃的に感じられることはない。

七月一四日、フランス革命記念日が誕生日だ。二歳下の自慢の弟は、福岡の大学で経営学を勉強し、会計士の国家試験を通り、軍隊に入る。四歳下の美大に通う妹もいる。両親は学生時代に出会い、母は二二歳で彼女を生んだ。結婚は後でもいいから、子どもだけは先に産んで、と母は彼女に勧めるそうだ。やんちゃだった頃の話、海外生活のこと、仕事のこと、目指す性のとらえ方について、そして日韓両国に対する思いを熱く語ってくれた。

Lさんの人生のミッションである「性をもっと自由に」という言葉を聞くと、「人が人を愛することはこの上なく尊いことである。どんな場合であれ」という、フランスに脈々と流れている文化を社会思想にまで高めた哲学者、F・M・シャルル・フーリエ（一七七二～一八三七）を想起する。

インタビューは、二〇一五年七月二三日、弘益大學校（ソウル）で、日本語で行われた。

日本へ

L　父が二十代半ばに日本へ研修に行きよい経験をしたので、日本への転勤を目指して帰国後も父はずっと勉強を続けてきました。念願かなって、家族で福岡に行きました。福岡タワーがある百道浜に、三年間住んでいました。私にとって、福岡は人生のターニングポイントでした。私は一四歳、思春期真っ只中でした。もしここ（ソウル）に残ってたら、きっと違う人生を歩んでいたかも……。あるいは、私は、もうこの世にいなかったかも（笑）。けっこうやんちゃしてたので。私はヤンキーだったんです。福岡では言葉も通じないから、勉強以外にやることはなかった。それで一所懸命に勉強しました。インターナショナルスクール[1]には、外国の永住権を持ってる日本人の他はほとんど外国人なので、授業は全部英語でした。

――ヤンキー時代は、どんなふうに過ごしていたの？

L　今なら、なぜそういうことをやってたかわかんないですけれど、ごく普通のヤンキーでしたよ。学校には行かずに、遊んでばかりいました。ソウル郊外の、いわゆるヤンキー街という感じのところで、遊んでました。環境が環境だったので……。特に悪いことをしていたわけではありません。すべてに対して、意欲が感じられなかった。脱力――そういう感じです。何に対しても、やる気が起きなかった。その時は、親が本当に嫌でした。しかし、今は大好きで、とても感謝しています。

――元ヤンキーの方にインタビューしたことがあります。その方にお会いする前、「家庭環境が複雑だから非行に走る」という先入観を持っていましたが、家庭が複雑なヤンキーというのは実は意外に少ないのだと……。「なぜヤンキーになったのですか？」と聞いたら、「目立ちたいから」と答えてくれました。

L　そうです！　そういう時に日本に行った。日本に行かなかったら、今でもヤンキーのままだったと思います。日本に行ったことが、私の二四年間の人生の中で、一番大きかったんですね。それがなかったら、今やっている翻訳の仕事（英語を韓国語に訳す）も、してなかったと思います。おしゃべりがすごく好きなので、言葉はけっこう早く覚えましたね。日本語の文法がまだ全然できないんです。漢字もとても苦手です。

――エネルギーを外に出すタイプね？

L　そうです。ウワアッといくんです、けっこう。福岡の学校でよい友達に出会えました。学校は小さくて、一学年一一人で、家族みたいな感じでした。父のように転勤で来る家族が多く、韓国人の友人といつも一緒につるんでいました。韓国の人たち、領事館や大韓航空などの転勤の場合、三年間でした。赴任先が福岡で、本当によかったです。

――福岡が好きですか？

L　大好きです。今も年に二、三回は行きます。実家が福岡で、外国の大学に行っている友人も多いので、夏休みや冬休みに帰国するのに合わせて、友達に会いに行きます。福岡でビジネスをしている外国の家庭だと、跡を継いでいる人も多いんです。

日本での衝撃的な出来事

L　福岡と言えば、九州にはヤンキーが多く、北九州から道路をずっとバイクで走ってくる暴走族の人たちがいます。パトカーが暴走族の後ろを追っているのに、ちゃんと信号を守ってるんですよ。「なんだろ、この人たち？」と思って、衝撃を受けました。

韓国では、普通の人でも信号を守らない。無視無視（笑）。おじいさんやおばあさんが、横断歩道のないところを渡るんです。バスも、ドライバーの都合で、バス停じゃないところでも乗ったり降りたりすることがあります。韓国の自由は、日本の自由とも違うし、アメリカの自由とも違う。交通機関についていうと、カナダでは、老人が途中で降りやすいようにストリートカーのドアを途中で開けてくれたりします。運転手さんが、おばあちゃんのために開けてあげる。韓国だと、自分の都合で開けている気がします。

アメリカやカナダの自由は、みんなが尊重している自由……。韓国では、自分の自由しかないんですね。つまり、自己中です。自分の自由が、一番大事という感じです。日本は、自分の自由がないという感じがします。私は韓国人ですが、韓国での生活は、不快に感じます。人に迷惑をかけるのが当たり前だということが、こんなに深いところまであると感じています。

私は日本にいると雑になるのですが、韓国にいると神経質になるんですよ。「小さいことを気にするな」とよく言われます。

——韓国に帰り、大学受験するのはすごく大変だったでしょう?

L　そうですね。高校卒業したらすぐに仕事がしたかったけれど、父から「大学に行った方がいいよ」と言われました。私は時間の無駄だと思ってました。「すぐ働けるのに、なぜ?」韓国に帰ってきてから今まで、仕事をしていなかったことがありません。日本語ができるので空港で化粧品を売っていました。「お客様、いかがですか? ＩＫＫＯさんお勧めのＢＢクリームいかがですか?」と言って、働いていました（笑）。個人経営の空港の化粧品ショップで、厳しく仕事を教えてもらいました。それまでずっと好き勝手にやっていたので、物を売るということが大変でした。しかし、とてもよい経験になりました。そして、他の店の方から「もっと給料をあげるから」とスカウトされるようになりました。

カナダでのワーキング・ホリデー

――恵まれているのね。

Ｌ　そうです。人には恵まれています。免税店でずっと働きながら、美術が好きだったので、浪人して弘益大学に入った。二年生の時、一年休学して、カナダのトロントに一年間ワーキング・ホリデー[2)]に行きました。留学はイヤだった。韓国とカナダには、ワーキング・ホリデーのプログラムがあり、受付は先着順だったので、朝五時に郵便局に並び、申請しました。カナダでは、デザインの仕事がやりたかったけれど、化粧品販売の経験しかなかったので、トロントのイートンセンターで化粧品を売ることになりました。「ビオテルム」という化粧品の会社で、ロレアルフランスの子会社です。運良く、免税店と同じブランドでずっと働いていたんです。カナダに行ったものの、三ヵ月間仕事が見つからなくて、米を水でふやかして食べ、貧乏生活を強いられました。トロントの家から十分歩いたところ、通りすがりのビオテルムの店で、ちょうど求人募集があり、「化粧品販売経験があるので、すぐできる」とアピールして、履歴書を出しました。諦め半分でいた頃、「やってみない？」と連絡がありました。帰国までずっとそこで九ヵ月位働きました。

――韓国のワーホリ事情はどうですか？

L　今は、日本と同じになりました。私の時は、国によって期間が違うんですけど、ほとんど一年でした。日本と同じように、カナダ一年、オーストラリア一年、ニュージーランド一年。イギリスだけ日本は二年で、韓国は半年でした。去年から韓国も二年になって、日本とルールが全く一緒になりました。就職できなければ、イギリスのワーホリに行こうと、準備をしていました。

——日本語はどれくらいできたのですか?

L　子どもの頃から、ジブリのアニメを観ていたので、「いただきます」とか、簡単な言葉は知っていました。日本語をちゃんと習ったのは、一四歳の時、日本に行ってからです。私はおしゃべりなので、半年経つと、いきなり話せるようになりました。しかし半年間は、何もしゃべれず悶々としていました。なぜこの単語を知っているか、この漢字が読めるかは、よくわかんないですね。日本人のお客さんが多い職場にいたので、韓国に帰ってから、敬語などちゃんとした日本語を学びました。

——日本語お上手ですね。

L　ありがとうございます。言葉が好きです。日本語でも英語でも韓国語でも、言葉の力を信じています。コミュニケーションでは、言い方に気をつけています。友達同士になると、暴言も吐いたりするんですけど（笑）。言葉というのは、日韓関係にも関わってくると思いますが、やはり言葉の力はとても大事だと思っています。

たまに悪い言葉とか、他人が聞いたら気を悪くするような言葉が、あんまり意識しないでポロッと出ちゃうことがあります。おしゃべりなので、言葉がワアッとあふれ出ちゃうんですね。「あんなクソやないの」とパッと言っちゃうことがあります。私が無口な時は、多分頭の中でめちゃくちゃ考えてます。黙ってる時は、何か言いたいけど言えないで考えているときです。

卒業後は日本での就職が内定

――卒業後は日本の会社に就職するのですか？[3)]

Ｌ　はい。Ｔ社という東京にある大人のおもちゃの会社です。「性」というのは、まだ恥ずかしいものとか、外に出しちゃダメなものとみんな捉えていると思います。プライベート＝恥ずかしいもので、どんどん引っ込んでしまう。だから性犯罪もすごく多いし、間違えた性の捉え方をする人も多いのだと思います。

この会社が有名になったのは、ネガティブな「性」をポジティブにしたからです。まずはデザインから変えた。他の大人のおもちゃ会社のものは、女性器そのままのおもちゃなんです。見た目も女性器の形。女性用のものは、ホントに男性器の形のものを売っています。見た目で気分が悪くなる女の子も多いようです。見慣れないものなので、難しいのは当たり前のことだと思います。T社のものは可愛らしいデザインで、「これは悪いことじゃなくて、あなたたちが自由に楽しむものだよ」という印象を与えています。この会社の製品はデザインがいい。機能もすごくいいらしいです。男性用は、使ったことがないので、わからないですが……。

——会社を決めた理由は何ですか？

L　T社のものは、デザインがいやらしくない。大人のおもちゃはダッチワイフ以外にもいろいろあります。

私は性に早くから目覚めていました。小学生ぐらいの頃からAVを見ていました。弟も妹もけっこう性に早く目覚め、家族全員が性に対してオープンで自由です。一四歳でインターナショナルスクールに行った時、ママが私に言った最初の言葉は、「外国人は初体験の年齢がすごく低いので、やるんだったらちゃんとゴムは使うのよ」でした。インターナショナルスクールだから、外国人が多かったのは事実ですが、それを聞いて……。

――びっくりした？

L　インターナショナルスクールに行く前から、自分なりに私もけっこういろいろありました。でも、ママからそういう性に関するアドバイスを受けたのは、その時が初めてでした。そして「ああウチの家族って、性に対してオープンなんだ」ということがわかったんです。子どもの頃、私が性的なことを友達に言うと、受けたんです。目立ちたいっていうのと同じだと思うんですけど……。小学四年生で、AVを最初に見ました。周りの男の友達にも、AVを見せていましたね。

――初めてビデオを見て、ショックを受けなかった？

L　全然。気持ち悪いというよりは、「これはなんだろう？」と興味がワアッと湧いてきました。アメリカでは、性教育のビデオはわざとホントに生々しく見せるらしいですね。リアルな行為を見せて、「性行為はこういうものなんだよ」ってことを教えるらしいです。一方、AVはファンタジーですから、女の子が気持ちよく感じているように編集して見せている。

だから、AVは女性を下に見ているとフェミニズムの人から言われています。しかし私が最初AVのコンテンツに触れた時、それが当然というか、もうそのものだったんですね。自覚がなかったというか、このAVに出てくる女性は下に見られているという感覚じゃなくて、「これはＡＶだ！」というような感覚でとらえました。わかりますか？　何ていうか、言葉にするのは難しいんですけど、私がＡＶとかエロ漫画とか、エロいことを最初見た小学生時代は、「女性がなんだとか、このＡＶは女性を見下してるんだ」という社会的メッセージがあまりなかったんですね。最近になって、フェミニズムがワアッと出てきています。

ＡＶは、ただ楽しんだだけです。いろいろジャンルありました。今韓国では、淫乱サイトとか全部ブロックされています。二〇〇〇年頃というのは、インターネットが出て間もなくの頃で、まだパソコンに（インターネットを）接続している家庭はほとんどなかったと思います。

――ご両親に知られずに、インターネットで見ていたの？

Ｌ　そうです。学校から帰ってきて、ビデオとかじゃなくて、ウェブで見てました。「Ｌ」はなんかいやらしい」と周りからよく言われていました。今もそうです。何を言っても、いやらしく聞こえるみたいです。でも、私はそれを悪いとは思わないし、むしろ私の特徴だと思っているんで、すごく好きなんです。「性を自由に楽しみたい」というのが、私の根底にあります。

――韓国は、性に対してタブーな社会ですか？

L　ダメです。ちょうど私の世代二十代は、何でもかんでも変わるのが早いです。幸い、私の周りは美大という、特殊な、ちょっと頭がはじけた人が多いので、受け入れてくれる良い友達がいます。弘益大學校はもともと芸術系だから、例えば、経済学部であっても、自分もちょっと弾けようっていう雰囲気があります。

卒業展示は、大人のおもちゃに関することにしたいと考えて準備していますが、先生たちから激しく反対されていました。

——反対されるでしょうね。でもやるの？

L　やります。しかし私の展示を見て、気分を悪くさせたくはない。だからデザインに工夫して、「こんなのがあるんですよ」ということを知らせたいんです。「別に見たくなかったら、そのまま通り過ぎてくれればいい」という感じです。ふんわりと作ってます。

——T社には、デザイナーとして入ったの？

L　海外事業部です。語学力を生かしてマーケティング……。デザインは好きですが、あふれる才能を持っているわけではないので、デザイナーになろうとは思いませんでした。デザインを使って、人に何かを伝えたいと思っています。T社は男性用だけでなく、女性用の製品もあります。

東京では、給料の半分が家賃になってしまうので、大変です。けれど、やりたいことをやってるから大丈夫です。給料は、多分韓国の方がよく、物価は日本も韓国も同じくらいです。だからこそ、会社の近くに住んで、仕事を思いっきりしたいと思っています。自分のことはあまりかまいませんが、他人に見せる仕事をする時には、何だかすごくイキイキしている、私はそういう人間です。

――Lさんを雇うことができた社長さんは幸せね。

L　部長と面接し、「また日本に来る機会があるんですか？」と聞かれたので、「ああ落ちたな」と思いました。六月の頭でした。「予定はありません」と答えると、「じゃあ、社長面接もしましょうか」と、その場で内定をもらったんです。社長は五十代のとても熱い人です。私は、けっこう性格が激しいんですが、社長に会う度に自然とくつろいで、なんかウワッとなれる気がします。

――ご両親の反対はなかったですか？

L　すごく応援してくれています。私がやりたいことを、いつも応援してくれます。父はとても保守的ですが、母は進歩的です。私は、父に似て静かな性格ですが、ぶっ飛んでいるところは母に似ていると思います。ヤンキーだった頃、母は仕事をしていて、あまり家にいませんでした。母とぶつかったら、私は家を出て、母は家で泣くという感じでした。当時は、私は家族を大事にしていませんでした。

韓国の女性

——日本人やカナダ人と外国人をよくわかっているでしょう。比べてみると、韓国の女性は気性が激しい？

L　激しいです。多分プレッシャーが多いからだと思いますよ。見えないプレッシャー。自分の世代はいいけれど、母の世代はちょうど変化が激しい世代なんです。

——女性の地位や立場は、アジアでもここ二〜三十年の間に急に変わってきましたね。世代によってかなり違うかもしれません。

L　そうですね。私は父に恵まれて、父に自分の思いをぶつけることができます。自分をさらけ出せる環境にいました。一般の韓国女性や女子学生がどう思ってるかは、わかりにくいところがあります。見ていて可哀そうだと思うのは、韓国の女性、男性もそうですが、小さい頃から、集団の中で生きてきて、自分は何が好きなのか、何がやりたいかがわからないで、そのまま年をとっていきます。そのまま流れにまかせて生きていくという感じです。

——日本でもあり得ることだと思います。

L　日本に来てよかったのは、日本人の熱いところですね。なんかココロが熱いというか、熱心なところ。日本と韓国はよく似てるんですけど、そこが違っていると、弟や妹とよく話します。子どもの時に日本で生活をしてみて、私たち三人とも同じことを感じていました。

——韓国の方が熱いと思っていました。

L　ああ、韓国人は強いですけど。日本人は、悪く言えば「バカっぽい」、よく言えば、「ホントに純粋で熱い」です。就職を例にとってみると、韓国人はよい大学出身で、頭がよく、綺麗で、何から何まで八方美人[4]じゃなきゃ就職もできない。

日本では、自分がホントにやりたいと思ったことを認めてくれる人がいると思いました。私は、この「T社」に雇われた初の外国人なんです。でも、変なよそものだと扱われずに、ちゃんと面接して、「何がしたいのか」を聞き、会社の文化に合っていたので雇ってくれたのだと、私は思うんです。日本の企業は融通がきかないところがあると思いますが、「何か芽生えてるじゃないの、じゃあ頑張ってみなさい」と、可能性にかけてくれている感じがします。韓国は、見た目でダメだと、もうダメ、絶対ダメみたいな感じです。

——Lさんの目にはそう見える？

Ｌ　私も妹も弟も、それが日本の一番の良さであると話し合っています。弟も私も、多分日本で生活し、おそらく韓国には戻らないと思います。韓国と日本の関係が悪いとかいろんなことがあっても、やっぱり私たちの経験を通して、日本で生きていく自信があるんですね。

――韓国はなんでも変わるのが早いそうですね。

Ｌ　私は二十代の真ん中ですけど、二一、二の子がやってることにもう追いつけない。何でもかんでも変化が早すぎます。ツイッター、ＳＮＳ、行動、流行り等々の変化が早い。あまりいいことだと思っていないんです。なぜなら、自分の中心がないからです。実際、早いのは事実で、悪いものも良いものも、結構早くまわってる。性に関するコンテンツも露出されてるんですね。こういうものがあると流布されているんです。全然知らないものよりは、「あっ、それ見たことある！　それ何だっけ？」みたいな感じの方が安心できる。多分大丈夫だと思います。これから変えられると思います。難しいですけど。時間が経てば……。

私たちの孫の世代くらいになれば、コンビニで大人のおもちゃが売ってるようになるんじゃないかと思います。悪いことじゃないので、早くそうなってほしいです。でも、それを見て、気分が悪くなる人がいるというのもイヤなんですね。バランスをとるのがとっても難しい。

――それが使命ということ？

L　使命と言うとちょっと大げさかもしれないけど、やっぱりずっとやりたい仕事はそれですね。性、まあ男性もそうなんですけど。女性たちの……。

――性の解放？

L　解放？　解放までは…。解放の反対ってなんですか？

――抑圧、閉ざされていること。

L　抑圧されてるから、解放という言葉になりますが、もう抑圧してないから、どんどんゴー、そうなってほしいです。

日韓関係について

――日本と韓国の関係についてどのように考えているか教えてください。日本に実際に住んだことがあって、どちらかというと多くの他の韓国の人よりは、日本に対して良い印象を持っていますね。あなたが成長してきた中で、教科書などで、民族、反日教育を受けてきたと思うのですが。

L　学校にはあんまり行ってないので、教科書というよりは、上の世代、おじいちゃん、おばあちゃんから、日本の悪いところを聞いて育ってきました。日本に行かなかったら、多分、日本人は悪い人だとずっと思っていたかもしれません。おじいちゃんやおばあちゃんは、テレビとか日本語が聞こえる度に、悪口を言うんですね。

――例えば、日本人観光客が韓国に来ると、韓国の人にとって不快感を与えていることになる？

L　少なくとも、このソウルでは多分ないと思うんですけど、やっぱり田舎に行くと、日本のことをよく知らないし、日本人に触れる機会もない。日本も同じでしょうが、不快を感じる人もいると思います。情報がない。こんなにオープンになっていることを知らない。

――おじいさまとおばあさまは、今ソウルにいらっしゃるの？

L　はい。ちょうど子どもの頃に終戦、実際に戦争を経験している。そして、祖父母の親からも聞いていると思います。歴史というのは強い者勝ちだと思います。歴史の証拠や文書として残ってるものは、戦争に勝った人たちが記録したものだと思います。でも、事実は、実際に経験した人じゃないとわからないものじゃないですか。おじいちゃんやおばあちゃんたちが、日本の軍隊から銃で撃たれたり、誰かが殺されたところを見ていなくても、その前の世代から聞いたり、教えてもらったりしたことから、洗脳されている。私が三、四歳下の子に追いつけないのと一緒で、おじいちゃんやおばあちゃんたちは、私たちが考える日韓関係に多分追いつけないいんじゃないかと思うんです。だから、その世代の方々は、日本語を聞くと不快な気持ちがするのだと思います。

——日本に対してよい印象を持っているのは、日本で過ごした経験があるからですね。

L　住んだからこそわかることもあると思うんですけど、小さいこと全部言ったらキリがないし、日本の悪いところの多くは、韓国にも存在するものなので……。

——そんな風に考えられるなんて、大人ですね。

L　ホントにそうなので……。例えば、「〇〇の国で、融通がきかない人を見た」っていうけれど、韓国にも融通がきかない人もいるんですよ。どこへ行ってもいろんな人がいる。うん。人ってやっぱり自己中ですね。自分が経験したものが全部だと思ってしまうんですよね。それが、怖いですね。そういう人たちがエライ人になる。だから、日韓問題のようなことになるんじゃないかと思いますよ。実際、カナダでは、韓国人の友達より日本人の友達の方が多かったんです。日本人だから、韓国人だからあなたとは友達になれないというのは、全く無かったですね。

——本当にそうよね。人よね。人対人よね。

L　うん。カナダでは、韓国人であれ日本人であれ、私たちは英語が苦手で大変な生活をしている外国人同士でした。「できればみんな、一度外国に出てみてほしい」と思います。海外経験はした方がいい。外に出たからこそ見えることもある。

カナダに住んでいるとき、料理作って、日本人の男の子のルームメイトに「ちょっと、一緒に食べよう」と食べていました。アジアの歴史を知っているカナダ人は、そんな風に日本人と韓国人が一緒にいると、「仲いいねえ、日本人と韓国人なのに」と言われたこともありました。

——日韓関係改善のためにどんなことができると思いますか？

L　えっ！　私たちに何かできるものなんですか？「謝れ」って、なんでそうするんですかね。私わからないです。なぜそういう行動を……。でも、答えっていうか、やるべきことは決まっているけれど、やっていないだけだと思います。

それは、政府レベルの問題です。例えば、慰安婦問題なら、被害者の立場に立って、日本の市民団体が、「慰安婦に謝れ」という運動をやっています。その声が、なぜ上まで届かないのかと思います。

——「謝罪すべきであるという声がなぜ日本政府には届かないのか？」ということね。

L　そうですね。なぜですかね。逆の立場で考えたら、そんなに簡単に解決するものではないとわかると思います。もちろん、簡単に解決するよう問題ではないんです。慰安婦問題はなかったとか、解決済みとか言っている人たちも、多分誰かの息子でしょう。「自分のお母さんがそういうことをされたら、同じ行動をとれるか？」と聞いてみたい。国際問題や政治には詳しくないので、ただ人間としてどうすべきか、ということしか考えられないです。

やってしまったことはもう、消すことはできません。それは、字を間違えて書いて消しゴムで消す問題じゃないです。恐ろしいのは、全く同じことじゃなくても、同じようなことが起こった時に、こういう形になってしまうのであれば、私もどうすればいいかわからないです。例えば、どこかのある国で、何か被害を受けた時、認めないということになったら……。その国に対する信頼感は、もうなくなります。多分、私の子どもも孫も、その国に対して信頼感はなくなって、その国に対する悪いイメージがどんどん広がっていくのだと思います。

――河野談話での謝罪や村山元首相の謝罪は、韓国の方々の心には届かなかったのかしら？

L　私もそれは思います。せっかく謝って、関係がよくなったのに……。その後、安倍さんが首相になって以来……。韓国人側の目線からすると、間違った行動をとっているように見えます。

――嫌韓運動などね。

L　そうです。そういう行動を見ていると、「何のためだろう？」と、いつも私は思うんです。仲良くしなくても別にいいけれど、「なぜそういうことをしているのだろうか？」と気になります。多分恐らく、人間は目立ちたがる存在なので、その人たちも目立ちたいのだろう。そして、自分の権力、お金、地位、目指している目標、何かを得るために、そういう行動をやっているのだと思います。自分の得たいもののために、国ごと巻き込むというのは、一体どういうことなんだろう？　どういう心を持ってるんだろう？と思います。

もちろん韓国の政治家も同じです。一度、嫌韓や反日運動をしている人の娘になってみたい。「なぜパパはそんなことするの？」と聞いてみたい。家庭の中を見たら、また別のことが言えるんじゃないかと思うんです。今は経験したこともないし、知ってることも少ないので、何とも言えません。

「政治家は何を考えているのかわかんない」と言いましたが、わかんないのが当たり前、その人たちの考えるスキルは多分違うと思うんです。私みたいに平凡な人には多分わかんないのは当たり前。守るべきもの、対象が違うと思う。だから理解はちょっとできるかもしれないけれど……、難しいですね。いつもいつも何でも心配です。私は心配性なので……。

――一緒に人生を歩いていける、よいパートナーを見つけてね。

L　そうですね。ママを見て、それをすごく感じます。でも、一人の男の人に満足するかどうかはわからないですけど……（笑）。

註

1) 福岡国際学園インターナショナルスクールのこと。帰国子女は、よく「インター」と言う。
2) 二国間の協定に基づいて、若者が異なった文化の中で休暇を楽しみながら、就労をすることを認めるビザなどの特別な制度。
3) インタビュー時は卒業前。
4) 韓国では、よい意味で使われる。

李　景珉（リ・キョンミン）

札幌大学名誉教授（国際関係論・朝鮮政治史）。
1946年、済州道生まれ。1973年、パリ大学政治学部卒業、同大学院博士課程修了。京都大学人文科学研究所研修員、京都精華大学、京都大学講師、札幌大学文化学部教授。

著書：『朝鮮現代史の岐路－8.15から何処へ－』平凡社（1996)、『韓国における外国人投資と日経企業の位置』共著、京都大学経済研究所（1981)、『教養としての朝鮮語入門』京都イングリッシュセンター（1980)、『朝鮮現代史の岐路－なぜ朝鮮半島は分断されたのか－』　平凡社（2003)、『アンファン・テリブル～韓国・北朝鮮・日本　20年の歩み～』アドニス書房（2015)、『韓国の歴史』監修、河出書房新社　等。

リ・キョンミン（李　景珉）先生は、済州道で生まれ、高校まで釜山《プサン》で過ごす。反共の地で、父親が思想的疑いで投獄され、家族を失うというつらい経験をされる。そして、日本に亡命した父親の後押しにより、パリ大学に留学することとなる。パリでは、遠くから自国の政治を見つめ、留学中の日本人女性と結婚した。そして彼女と共に来日し、京都で学び、結局、日本で教鞭を取ることとなった。

波瀾万丈の人生を送ってこられ、現在、札幌大学で、学生に学ぶことの尊さを説いている。経験的に、国境を超えた相互理解の大切さを肌身で感じて来たので、学び続けることの意義を何よりも重視している。

時代に人生を翻弄されてきた先生だが、それでも自分を見失わずに、冷静に見つめ続けてきた碩学は、墳墓の地・朝鮮半島に対して、どのような思いを抱いているのであろうか。また、生活の拠点である日本と故郷との関係を、どのように捉えているのか。そして、両国のよりよい関係をつくるために、何をなすべきなのか……。真摯に、優しく、時に厳しく語りかける。

インタビューは、二〇一五年七月二五日、札幌大学キャンパス内の、リ先生の研究室で行われた。先生は素敵なお声で、うっとりするようなフランス語がときおり飛び交いながら、日本語で行った。ページの関係上割愛したが、膨大な資料と学識で、さまざまなことを教えていただいた。

済州島で生まれて

李　父は、今の高麗大学の前身である普成専門学校の商科で学んだ。北朝鮮のチョンジン（清津）に、鰯《いわし》工場があり、父は日本人のもとで働き、支配人をしていた。ほとんどの朝鮮人が職も持たずに苦労している時に、私たち家族は貧乏人の子だくさんでも、なんとか生活できたのだと思う。五人の兄たちは北朝鮮で、大戦後、私と妹が南の済州島で生まれた。チョンジン（清津）には、北朝鮮で一番大きな港があった。そこは、戦後在日朝鮮人が新潟からソ連の船に乗って、北朝鮮へ帰国する事業で利用された港だった。

たまたま済州道のソギッポ（西帰浦）に家を持ち、精米工場があって、それを売る日本人が出てきた。父がそれを買って、家族で南に来た。そして、一九四五年八月一五日を迎えた。親父は保守的というよりは、進歩的なところがあった。あの時代はそういう人はみんな「アカ」と呼ばれていた。

一九四八年五月に国連監視下で総選挙が行われた。日本の植民地支配から独立のために……。しかし、北はそれを拒んだ。南だけが選挙をやり、イ・スンマン（李承晩）政権が誕生した。済州道では米軍政が推し進めていた単独選挙に反対する民衆が、警察支署や右翼団体の要人宅を襲って抵抗した。いわゆる「四・三事件」が起きたのである。当時の南朝鮮労働党が、蜂起を指導する。善良な人々が主だって警察から虐殺された。また、北朝鮮から南の方に逃げてきた右翼の「西北青年団」が来た。彼らが、一般市民を「アカだ」と言って殺した。したがって、済州道ではその時、選挙が実施できなかった。大阪生野区には、逃げてきた済州島出身の在日朝鮮人がたくさんいる。

一九四八年四月に、総選挙に反対する市民抗争、セクトとの闘いがあった。約三万人位の人が殺された。父も、蜂起した側の人間だというふうに思われ、私の家族もたくさん死んだ。その時、母、祖父、叔父、兄が死んだ。私は二歳……。妹が生まれてまもなくのことだった。

親父は地下に身を隠して、逃げた。しかし私が小学校二年の時、ソギポ（西帰浦）で捕まった。親父が刑務所から出てきたのは、私が小学校五年の時だった。家はまもなく、ソギポからプサン（釜山）に引っ越した。

一九六〇年四月、イ・スンマン政権が倒れると、父は「やばい、再びもう一つの波が来る」と言って、日本に逃げた。私は中学三年生で、学校に通っていたので、日本には行かなかった。一番上の兄は、四・三事件の時に殺されてしまった。生き残った男の子だからということで、祖母がものすごく私のことを可愛がってくれ、大事に育てられた。

韓国からパリへ

李　中学生の時、親戚が集まって、チェサ（祭祀）といって、法事をする。祭壇に挨拶して、閉会。チェサの時には、大人たちはお酒を飲んで、普段言わないことをしゃべっていたので、私は話に耳を傾けていた。

学校では、反共的な教育を受けた。しかし私は、「言われるほど共産主義は悪いものではない」という、確信みたいなものを持っていた。

高校時代、日本に亡命している父親から手紙が来ると、検閲のため刑事が家にやって来た。父の住所、職場、知り合い等々を聞かれた。刑事は、父の動向を知っているふりをしていた。

私は新聞を読んでいたので、世界情勢に関心を持っていた。アメリカは嫌いだった。その時、フランスはドゴール大統領の時代だった。「ドイツの奴とイギリスの奴が、アメリカの言いなりになっている」とドゴールは言っていた。フランスは同じ西側の国だけれども、アメリカには距離を置いていた。第三世界についても、アメリカは口だけの連帯などを強調していた。歴史的にフランス革命など、あるいは人権大国という看板を見せてもらった気がしていた。

高校を卒業した頃、ちょうどベトナム戦争で、韓国軍がベトナムに派遣されるようになった。私の同期はほとんどが、後に軍隊に行った。

東京に亡命していた父は、「我が子を戦争に行かせたくない」という思いから、国際赤十字に駆け込んだ。そして、「韓国では、俺のせいで我が子も共産主義者の子だと言われ、いろんな差別や監視を受けている」と国際赤十字に訴えたのだ。父の祈りは、本当に偶然が幸いした結果受け入れられ、私は韓国を出てフランスに行くことになった。

パリで

李　フランスに行った頃ちょうど、キャンバスには五月革命（一九六八）の余韻が残っていた。私は、パリ第八大学で、政治学を勉強した。パリにはいろんな国から人が来る。フランス人とも交流したが、アフリカ、中東、南米、東南アジアからの学生たちともつきあった。私は、屋根裏部屋に住み、そこから大学に通った。

生活費を稼ぐため、いろんなアルバイトもした。三年ぐらいホテルの地下三階で電話交換手をやり、後に正社員になった。仕事は、受付や部屋に電話を回し、場内放送を流すことだった。一二人が働いていた。ホテルは二四時間営業。私みたいな学生が半分くらいいた。

東京でも、父は政治活動をしていた。「韓国民族自主統一同盟」の中で「合法的な平和統一運動」の指導委員として参加していた。父は、学生時代の親友が東京で医者をやっていたので、彼の病院で事務長を任された。そのため、生活は安定していた。母は四・三事件で殺されたので、父は日本で再婚した。結局その女性とも別れ、父の最期は、三度目に結婚した日本人女性が看取ってくれた。とても優しい、秋田出身の人だった。

私はパリから、東京にいる父親に、毎月手紙を出した。父からも、長い返信が毎回届いた。勉強に励むように、そして学生運動には参加しないようにと、父の手紙には書かれていた。

一九七六年、パリに「父危篤、連絡ヲマツ」という電報が届いた。ホテルで働きながら大学院に通っていた時だった。私にお金がないのを知っている仲間が、安いチケットを手配してくれた。

東京に着いた二週間後に、父は六四歳で亡くなった。葬式の費用は、東京の韓国系新聞社の世話になった。

――済州道から釜山、パリと波瀾万丈の生涯を送って来られました。パリでの一番大きな収穫は、「クセジュ」（Que sçay-je?）ということですか？

李　うん。「クセジュ、我何を知るか？」ということね。僕らの世代は、今よりも社会問題に対して、それなりに自分の考えを持っていました。

――パリで、異国人同士が助け合って生活するというご自身の体験から、国を超えた人間の相互理解が可能であると信じていらっしゃる。

李　ええ。相互理解、相互交流は必ずできると思います。しかし今、人と人との交流のない日常でしょう。人間らしい交流が、日本の社会には欠けています。これは、どうするかね。どんどん外国人を入れてますでしょ。労働者であったり、国際結婚であったり。こういう風な外からのインパクトが、昔ながらの日本のムラ社会に浸透して、日本は変わっていくのではないか、と私は期待しています。

――パリ大学での専門は何でしたか？

李　学部では政治学科に所属、大学院で、二つの独裁政権、イ・スンマン（李承晩）政権とその後のパク・チョンヒ（朴正熙）軍事政権を題材にして論文を書きました。

――朝鮮の政治を国際的な視点で見ていらした。

李　まあ、それは嘘だろうけれども……（笑）。最初は、フランスの政治を研究しようとしました。指導教官がとてもいい先生で、「いやいや、それはせんでよろしい。君がやれるのは、祖国の政治、それを目の当たりにして大きくなったのだから、それを実証するものを書きなさい」と言われました。でも、彼は何も指導できない……（笑）。

大学に入った直後、関心を持ったものに、中国の国共内戦があった。毛沢東と蒋介石がどういう形で内戦になったのか、その展開を私は知らなかった。韓国にいた時、中国の現代史を何一つ知らず、日本の明治維新についても、何一つ知らなかった。

――アジアの政治史について触れずにフランスに行かれたのですね。

李　うん。パリで、毛沢東と蒋介石の戦い（国共内戦）をフランス語で勉強した。毛沢東が、一九四九年一〇月に天安門広場で勝利宣言し、一二月に蒋介石が追われて台湾に行った。それを目の当たりにした、朝鮮人の共産主義者が、「やろう。これはチャンスだ、GO」。それが、朝鮮戦争の原因です。

資料としての文学

――インターネットもない時代、フランスで朝鮮のことを研究するには、資料収集の面でも大変だったと思います。

李　私は、文学専攻ではないけれど、文学から何かヒントを得たかった。現代史を勉強していて、資料がない。なぜ現代史の資料がないかというと、韓国当局が隠していたからです。見えないようにして、見せてくれない、禁書になるの。そして「資料がない」と言う。さて、困って、あの時代に書かれた文学から何かヒントは得られないだろうか？ それで、あの時代の文学作品を探して読み、ヒントを得ることができました。

——例えば、どういうものがありますか？

李 私の友人が翻訳していますが、『たんぼ（水田）物語』という小説があります。トルストイも土地の話が出てくるものを書いていますね。[1)]その昔、朝鮮の農民たちはほとんどが小作人だった。土地がなく、地主が威張っていた。耕作地の契約を更新してもらうために、小作はありとあらゆることをした。地主に娘を差し出すことさえも……。しかし、どんなに貧しくても、田んぼだけは手放さず、手元に残し命がけで守った。

主人公は、土地を持たない農民。一九四五年、解放を迎え、近所の友達が「おい、おまえも一緒に行こう」と言った。「どこへ？」、「市役所の前で集まって解放を祝って万歳を叫ぶんだよ。おまえは行かないのか？」、「オレ、行かない」とその農民は言った。あの時、行かないでよかったという話です。もしも行っていたら、失望したであろうから……。

解放を迎えて、皆どんちゃん騒ぎをして喜んだ。その農民もそういう気がなかったわけじゃないけれど、周りの人々はちょっと度が過ぎていた。「植民地時代、我らは搾取された。その前の朝鮮王朝時代、同じように搾取された。今度新しい政府ができて、何か幸せが保証されるのか？」と思うから、どんちゃん騒ぎには行かなかった。これは全羅道のチェ・マンシク（蔡萬植）[2)]が書いた短編で、方言もあって朝鮮語が難しい。

他には、『アオブドウ』もいいです。植民地時代の詩です。待ちわびた友が、留置場から出て、青いマントを被って訪ねてくる。作者はボンボンで、彼を迎えてこの葡萄をつまみ食いする。両手は濡れてもかまわない。我々の食卓には、銀の盆に、真っ白い麻のテーブルクロスがある。

アオブドウ

作：李陸史　訳：李景珉

私の里の　七月は
青ぶどうの　熟りゆく季節《とき》
村のいい伝えが　たわわ　たわわに実を結び
遠く　夢見る空が　ひと粒　ひと粒　映り溶け入る
空の下　まっ青の海が　胸をひらき
白帆の船が　うるわしくも　寄せ来るなら

待ちわびた方が　やつれた身に
チョンポ（青袍）をまとって　訪ねてくるというから
私はその方を迎え　このぶどうを摘み食べるのなら
両の手が　しとどに濡れても　嬉しかろう
児らよ　われらの食卓には銀の盆に
まっ白い　麻の手ふきを添えてお置き

李　これは一九三〇年代、植民地時代の詩です。最初の十年間、日本は、抵抗運動を武断統治、武器でもって威圧的に支配していたので、厳しかった。その時代の終わりに、三・一独立運動があった。支配する日本側も、政策を変えないともたないということで、斎藤実朝鮮総督の時代に、文化政治に変わった。そのとき新聞なども出た。

——パリで大学院まで行き、そこで、日本人の奥さまと出会い、恋をして、ご結婚、二人のお子さまにも恵まれ、その後、日本に行かれました。

李　フランスから日本に来た直後、京都精華大学でフランス語の非常勤講師をしながら暮らしていた。あんまり熱心にフランス語を教える気にならなくて、ぶらぶらしていた時に、フランスで一緒に勉強した日本人の友人が、京都大学の経済研究所の助手になっていた。その彼から、「うちの研究所で多国籍企業の研究会を立ち上げた。君は、朝鮮語、英語、フランス語ができるので、一緒にやろう」と誘われ、私はすぐに返事をした。そこで五年間は、多国籍企業の勉強をした。

その時の私自身の問題意識というのは、資本のない国、発展途上国、韓国もそうですが、「どうすれば工場が建てられるか？」ということだった。昔ながらの資本蓄積の、原始的な蓄積、農業や商業等では、時間がかかりすぎる。てっとり早いのは、外国から投資を、いわゆる「ひも付き」の融資を受けること……。だから、公害が生じても、それを止められない。多国籍企業で韓国経済を何とかすること、そして、朝鮮半島の今後の展望、などを考えていた。

京都での思い出　日高六郎先生

李　私はいろんな方にお世話になりましたが、私の親代わりとしてお世話になったのが日高六郎先生[3)]です。先生は、ご高齢で京都で療養しておられた。奥さんはひとまわり下で、僕らの子どもにもいろいろなものを買ってくださった。本当にお世話になりました。パリにいたとき、僕は、日高先生の奥さんにフランス語の「家庭教師」をしたことがありました。

キム・ジハ（金芝河）[4]が「食卓共同体」という詩[5]を書いています。朝鮮はとても貧しかったから、「こんにちは」と同時に、「ご飯食べましたか？」が挨拶でした。誰かが訪問したら、家の中に入れて、一緒に食べ物を分かちながら話します。日高先生も奥さんも、そういう気持ちのある方でした。

日高先生は、チンタオ（青島）生まれです。チンタオは中国ですが、日高先生が生まれた当時は、半分日本の植民地みたいなものだった。先生は、そこで暮らし、中学まで出る。旧制高校で、東京に出てきた。夏休みの間は親のところへ戻った。戻るとき朝鮮半島を経由し、チンタオにも朝鮮の人が住んでいたので、よく知っていて、日高先生は植民地時代のことも書いていています。

――日本と韓国の間には、慰安婦・徴用工問題、領土問題、教科書問題、靖国問題などさまざまな問題があります。どのようなアプローチができると思われますか？

李　民主党の野田総理時代、だいぶよくなっていました。だんだん年を経ると、対応も真っ赤のような原色的なものじゃなく、ベージュとか、ちょっと色が剥げた形で、少し相手の立場を考えつつ、ある程度の補償で交渉しようとしていた。

朝鮮語では、「人はスプーン一杯では、お腹いっぱいにならないよ。一杯のスプーンで腹がいっぱいになるかい」と言います。少しずつ話し合いを続けていけば、一〇〇パーセント納得しなければならないとまでは言わず、韓国ももう少し忍耐を示さないとね。日本側は、かなり努力してきた。

しかし、韓国側が言う理屈も正しい。ただし、今ただちに韓国側の意見・主張が通るとは限らない。そこは相手に少し妥協してもらう。言う側も、低姿勢でアプローチしないと……。両方とも。

日々の生活の中で、人に何か物を頼んでちっともやってくれないこともある。しばらく経ったら、「ああごめんね、ちょっと忘れてたよ」とそういうこともあるでしょう。だから、WAIT & SEE（見守りましょう）ということです。

例えば、自分の子どもが不良になったら、親は殴るでしょう。我が子にこっちを振り向かせる以外に何がありますか。それはある意味では、国と国との間もそうです。日本人の中にも、そういうことは十分よくわかってる人もいるし、官僚の中にも、これはちょっとと思う人もいるでしょう。でも、上の政治家がわからなければ……。だから、二〇〇〇年、小泉さんが首相になってからでしたね、日米同盟というスローガンがよく出てきた。その前はね、日米同盟って話、あんまり聞かなかった。「なに？　日米同盟。最近よく聞くねえ？」とそういう話を僕らはしていました。

それを乗り越えて、安倍首相が、歴史を書き換えようとしているでしょう。何なんだろう？韓国側でも同じです。日本同様ね、韓国側でも教科書を書きなおしていますよ。代議士の中にも、「まあこんな人が？」と思われるような人が多くなってきました。イ・ミョンバク（李明博）からパク・クネ（朴槿恵）、あと二年半残っていますが[6]、ちょっとしんどいですね。北朝鮮とのことを考えると、北はアンファンテリブルだからね。

——アンファンテリブルは『恐るべき子どもたち』[7]、コクトーの小説ですね。

李　早熟・非凡で大人の意表外に出る行動をとり、脅威を感じさせる子どもを称するものですが、諧謔《かいぎゃく》、ユーモアの意味も込めて、私は、北朝鮮のことをそう言っています。[8]

スローガンや政策を超えたところにある

李　日本と韓国の交流をどのように持っていくかは、我々がスローガンであしようとか、政策でこうしようとか、超えるところにあると思います。根本的な社会問題です。ヨーロッパで、フランスとイギリスとドイツで、例えば、こうしようあしようとかないでしょう。自然になっている。親があんまり口を出さなくても、子どもがだんだん成長していって、例えば夏休みに韓国に行くとか、イギリスに行くとか、そして外国から、楽しかったと、また自分の母国に戻ってくる。自分を見つめることができるようになる。

大学に入って専門を勉強するけど、専門以外にね……。グローバルに社会について、人格にも影響するようなこと、人格者にはならなくてもいいけれども……。要するに、人間にとって大切なのは人格形成でしょう。それが、教養じゃないでしょうか。社会に目が向くこと。何が問題か、何が弱者にとって悩みなのか。大学教育で養うものというのは、こういうことじゃないかと思うんです。言葉に気をつける、誤解を招くような行動をしてはならない、常日頃勉学すること。それで、直すことができます。

韓国の歴史教科書

李　私の手元に一九九六年に初版の二〇〇一年の版の『国史』（韓国の歴史）の教科書があります。恐らく今もこれとほぼ同じでしょう。

例えば、最初に日本が出てくるのが、一八七五年江華島事件。近現代では、それが初めてです。その後に、近代的な改革の推進というところで、明治維新が出てくる。一八七五年から二十年後、一八九四～九五年に、日清戦争が起きる。そして、日清戦争で日本が勝ちます。

朝鮮半島は清国が支配していたところを、日本が支配するようになり、だんだん日本の勢力が入ってくる。今度は日本が、領土的に朝鮮を支配しようとする。それに対する抵抗運動が起こります。日本の商人たちが朝鮮にも進出して、経済的な利潤をとる。それに対して朝鮮の商人たちあるいは実業家たちは、全く打つ手がなかった。こういう形で、鉄道が通った。

このように日本のことを高校・中学で習うとはいっても、果たして教える先生がどの程度勉強しているかですね。教科書を読んで終わりなのか？　日本の場合、近現代史の時間が少ない、と聞きます。明治でもう終わり、あるいは、入試にあんまり出ない。韓国もそういう傾向があると思うんです。

教科書に関していえば、私はあまり積極的じゃないです。例えば、私はこの食べ物が好き、私はこういうものが飲みたい、そういうものがあるからね、そこまで均一化する必要はないと思う。そうじゃなくて、互いに交流をし、長い目で見ていった方がいい。我々は、ほぼ同じ人種じゃないか、ほぼ同じ文化じゃないか。そうすると、我々は相通ずる、ある意味ではベースを持っているわけだから、それをどうやって実現するか、もっとそれを成し遂げることができるのか。その辺のことだろうと私は思っています。今すぐ突っ走る必要はない。

ただし、我々は弱者の立場の見方を常に持たねばならない。相手に対する尊敬、人間としてどうやって一緒に連帯感を発展させられるのか。それを考える。

世界の中で見る視点と民族の中で見る視点

李　北朝鮮とのことは、ある意味では、隣国の日本にひと肌脱いでもらってもいいわけです。南の韓国にできないことがあるんです。ビジネスに関していえば、もちろん中国はできる。国交のない台湾もできる。[9] だから、日本にもできることがあるんです。

――国交はなくても、何らかの交流はできるということですね。

李　台湾も、北朝鮮で商売できるわけです。中国も同じようにできる。ロシアもできる。日本もやれるはずです。日本の安倍政権の場合は、拉致問題を解決しないと何もできないと言うけれど、それじゃ通らない。

今回イランの核問題が、形としては解決に向かってますけど、その内容は非常に緩やかです。しばらく一五年位は、WAIT & SEE（見守っていく）しかないですよ。それでアメリカとヨーロッパの国々が、イランと一応制裁を解除するってことになったでしょう。キューバとアメリカも同じ。キューバは依然として共産主義体制を妥協してない。しかし、少しずつこれが進んでいく。

南北統一へ向けて

李　ケソン（開城）工業団地、ソウルから車を飛ばすと二時間です。そこに北の女工たちが五万人くらい働いてる。韓国の工員たちも数百人が一緒に働いてる。中国と台湾との間に、今どれだけ往来があるか。台湾の経済界の人がね、中国に直接投資を行っている。それで中国は潤ってる。中国の山奥の女の子たちが都会に出て、働く場が確保されている。それはもう何百万人レベルです。そういうことを考えると、南北朝鮮から何らかの形で交流を始めて、さらに、それを着実に浸透させる。そうすれば、北朝鮮の人々も、西側の文化を、資本主義の文化を、南の同胞の世界を、それだけ理解できるようになり、韓国は、必ずしもアメリカの手先じゃないとわかってくると思います。

それは、日本との関係においても同じです。日本の方がうんと自由でしょう。韓国の場合は、「従北」と言って、北に従う従北、北寄りの人という形で非難する者もいる。私が韓国に行って昔の友達としゃべったりする時、ちょっとこう北をかばうような話をすると、「おまえは従北派か？」とすぐに言われます。

竹島・独島の問題、従軍慰安婦の問題は、時間をかけてやるしかないです。韓国側が失敗したのは、イ・ミョンバク大統領が竹島に行ったことです。今、この島を実質的に支配しているのは、韓国です。だから、黙って、おとなしくしていればいい。何も韓国の方から挑発することはないのです。日本が挑発することもないです。しかし、安倍政権は挑発している。教科書に書いたり、日本の「白書」などにも毎年書いたりしていますが、それでは解決にはならない。WAIT & SEE（見守っていく）しかない。忍耐力……。怒りでは憤死です。

韓国には、いろんな市民団体があります。市民団体の中には、物事きちっと理解できずに、運動をやっているところも多いと思うんです。そういうところが外交的にダメージを与えています。それが、一部のわからない人々を刺激しているわけです。

日本人ほど、ある意味で真摯に対応してくれる国はないはずです。従軍慰安婦のことは、石原信雄さん（内閣官房副長官、アジア女性基金副理事長）と歴史学者の和田春樹さんが対談されていますが、とてもいいです。あれ以上はないでしょう。ただ、アジア女性基金の話は、非常にダイレクトに物を捉える韓国人にとっては、理不尽に思えるんです。内容を考えれば、今の状況で、ベストはこれ以外にないということです。

「従軍慰安婦を売春婦だ」とかどうのこうのとか、それがどうしたというのでしょう。中には、そういう人もいたでしょう。しかし、全体として国が、軍が命令してやった。木を見て森を見ていない。全体を考えていない。

韓国の一部の人は、正論で言おうとする。それでも解決すると思っている。それを日本の官僚はよく知っている。しかし、こっちも面子があるんです。時の小泉首相が一人ひとりに「大変申し訳ない」と言って、サインした。これはある意味で、大変な低姿勢です。

日韓は、互いに国家体制を持っていて、経済的にも成長している。だから、私は、一歩譲ってもいいと思う。ただやり方を見ていると、日韓の国会議員同士が集まってサッカーの試合をしたそうですが、どうなんでしょうか？　私にはわからない。韓国の国会議員は、真面目に取り組んでいないということです。国会議員らしく一生懸命勉強して何かを討論すべきなんです。アメリカの場合、上院議員は勉強するでしょ。日本の政治家、韓国の政治家にも、もう少しがんばっていただきたい。アジア人というのは、素朴な忍耐力ができたら、交渉ももっとうまくいく気がします。

基本的に、時間が経つとともに、何か我々が活路を見出していくと思います。赦す知恵、要するに、韓国と日本のことを考えると、負の遺産、あるいは国家の原罪を我々はわかっている。受け入れるってことじゃなくて、どんなことがあっても、相手の立場にたって少しは理解しようというような姿勢、表現を変えると、それは赦すということにもなる。そういうことの意味を、少し考えるべきじゃないかと思います。

人間というのは寿命って限られてるでしょう。祖父の世代、親の世代と私（子）の世代、この三代位を合わせて、歴史の流れを観察する。それはどこの本にも書いてない話でしょう。しかしそれは自分が一番信頼できる話でしょう。そういうふうなことができたらどうかなと思っています。

韓国人は日本のことを何も知らない

李　日本は活字文化の国です。本についてお話しすると、神田には古本街がある。世界にはない。大きくてビックリしてしまう。日本では全集を刊行する。シリーズで。世界史でもなんでもいい。岩波だけじゃないです。五つ以上の出版社が互いに競争する。これはロンドンにもないです。パリにもない。ボストンにもない。

――文化として定着しているということですね。

李　すごい活字の文化ですよ。日本人は語学が下手くそでしょ。何年かアメリカに暮らした政治家でも、英語で苦労していますね。日本語のストラクチャー、発音が独特ということです。ただ、翻訳は、そうした弱点をカバーしています。日本人にとって外国語は難しいけれど、自分が理解するために翻訳する。それはすごいことですよ。

――日本人は外から来たものを咀嚼して、自分のものに取り込むのが上手なのかもしれません。

李　ええ。その辺ではもう、韓国はホントに追いつかない。あるいは、日本ほどの国は、世界中見渡してもないですよ。外国語を翻訳するという点においては……。

それと同じように、例えばフレンチレストランでもね、そこそこ美味しいですよ。最近のバゲットもおいしいですよ。国産のワインもウイスキーもそんなに悪くない。日本社会のもう一つの大きな力です。日本は、そういう意味で、おおいに世界のためにも、我々の生活のためにも頑張ってもらいたい気がします。

それを韓国の人が、ほとんど知らないと思いますね。どこまで今の日本社会を理解して、反日のシュプレヒコールをあげているのか。もちろん同じことが日本でもあるでしょう。

韓国社会のもう一つの問題点は、自国の文化、要するに、自分自身についての、大事な、誇りまではいらないとしても、自分自身がどういう人間なのかに対する認識が欠けていることです。人間らしく生きる、あるいは何かを見つめる、自分探しをする、そういうことが、社会の雰囲気からして難しい時代になっています。が、そういう認識がないと、奴隷にしかなれません。

――韓国にいる方は、日本のことをよく知らないということですね。

李　東京には大使館があって、地方には領事館がある。この辺は私が見る限りはね、日本の外交官がずっと上ですね。日本人は、ソウル勤務後、戻って何年かすると、一冊の本を出すほど、勉強熱心です。韓国の外交官は、ゴルフばっかりしているんじゃない？　そういう印象が、なきにしもあらずです。札幌にも総領事館があるけど、三年後とか、何しているかわからない。日本に来て一生懸命勉強して、本国に報告すればよい。その点で、韓国の政府の人たちが、国家公務員としてまともな仕事をしているか、ちょっと疑問です。

――私たちも隣国である韓国、朝鮮のことをよく知りません。

李　それは、ある意味で、大人の責任です。大人が、負の歴史にまともに向き合っていない。国の罪ですよね。国家の原罪。それから、私たちはなかなか解放されないですよ。もう運命ですね。自分が日本人として産まれた、あるいは韓国人として産まれた、これはもう宿命です。その国、祖国の負の遺産、それを私たちは死ぬまで背負っていかなければならない。真面目な認識を持たずに、いっときの気持ちでかき回されてはいけないと思いますね。これをどうするか。一つは教育でしょう。

日本人と韓国人は似ている

李　日本人と韓国人、日本人と朝鮮人は似た者同士、世界で一番似ている。一五年位前、私が韓国の大学に一年間いた時、地方のある大学で講演したことがあります。その大学に中国からの女子留学生がいた。「何を勉強してますか?」と聞くと、日本語と答えたので、「韓国人は、日本人と中国人のどっちに近いと思う?」と彼女に尋ねた。「日本人です。今の韓国の人の考え方などは、中国から来た私には、どちらかというと日本人に近いと思います」と彼女は答えました。私は中国人という答えを期待していたんですがね。その時、韓国の経済が中国よりは日本寄りだった。中国寄りになった今でも、おそらく同じ返事が返ってくると思う。朝鮮人と日本人は、似ている。日本人と中国人を足して半分に割ったのが、韓国人。

地震とか台風とか、大変な自然環境の中で、危機意識を常に持って日本人は生きている。その点、韓国は非常に楽天的です。北との対立はあるけれど……。

日本は、韓国より国土がうんと広い。日本の国土は三七万平方km。韓国は一〇万平方kmなの。朝鮮半島南北あわせて二二万平方km。日本の人口は一億二千万人、韓国は五千万人。北は二千五百万人、あわせて約八千万人弱。東アジアの約二億の人間は、世界から見ると、ほとんど同じ……。よく似ている存在です。

在日朝鮮人について

李　お話ししたいのは、在日朝鮮人の存在ですね。在日朝鮮人と言うのは、併合前の朝鮮人労働者、それから協和会[10)]体制。協和会体制というのは日本の手先を育成するものです。戦争が終わった時に在日朝鮮人の数は約二百万人。かなりの人が国に帰りますね。その時ある意味でナショナリズムがものすごく高い時でしょう。日本に残ったのが六十万人位です。その時残った在日朝鮮人も、祖国志向なんです。

——在日の方々は朝鮮半島に目を向けているということですね。

李　見てるし、ナショナリズムもものすごく強かった。だから、祖国志向の時代がしばらくは続くんです。「我々は海外に住んでる公民だ。我々はいつか祖国に帰る」。しかし、それがだんだん、時間が経つとともに現実が見えてくる。それがある意味では今度は自分探しになってくるんです。

——探求がずっと続いているというのは、どういう意味ですか？

李　かつて（一九五五年〜）、在日朝鮮人の帰還事業が行われ、新潟と北朝鮮のチョンジン（清津）との間に船が出ていました。しかし結果的に帰った人は、約十万人足らずでした。最初の二年間は、相当帰ったようです。しかし、日本側のずるいところは、行ったらお終いという、片道切符の政策です。「こいつらが帰って来たら面倒くさい」ということで、日本政府は、北朝鮮に帰った人々を受け入れようとはしませんでした。人間というのは、本来往来の自由があって然るべきでしょう。世界の大国・日本がやってることを見ると、ものすごくずる賢い。そのため北朝鮮に帰った人々は、今、自分探しをしています。このことは、ある意味、在日朝鮮人社会にもそのままフィットしています。

日韓交渉の舞台裏

李　私の親戚の叔父さんがね、駐日大使をした。日韓交渉は一九六五年に妥結しますが、その前から話し合いのための交流があった。彼は若い時、おそらく三十代で、外交官として、日本の外交官と話し合いをした。

「俺は人の数に負けた。俺はたった一人で、在日朝鮮人の法的地位の問題にも、日本人に対して植民地時代の請求権を放棄した問題にも対応しなければならなかった。さまざまな問題を一人でやらないといけなかった。日本は、年とった外交官が、一つ一つ出してもらって、着実に研究して自分の前に座る。全くかなわなかった」

と叔父は言っていました。日本側は、日韓会談に全力投球して臨んでいた。一方、韓国はマンパワーが足りなかった。その時は、外交官が少なかった。有能な人材も少なかった。

また、当時はパク・チョンヒ（朴 正熙）大統領の軍事政権の時で、妥結を急いだ。その理由は、軍事政権というのは、民主的な政権を倒して権力をとったから、ある意味では正当性がないでしょう。先の公約で、経済を再建するスローガンを出した。そのためにはお金がどうしても必要だった。お金を請求できる相手は、日本しかなかったんです。それで、とにかく急いでいた。だから慰安婦のことなどいちいち言ってられなかった。日本から、丸くまとめて五億ドルをもらった。

――「漢江《ハンガン》の奇跡」と呼ばれる程、韓国は目覚ましい発展を遂げました。

李　ソウルの地下鉄とか、道路とか。韓国の高度成長の要因は、時の政府（パク・チョンヒ政権）が、ものすごく強力な政権だった。力のある政権、悪くいえば、軍事独裁の政権だった。前の民主党政権は、ものすごく弱虫だった。

もう一つは、韓国社会はそれなりに教育水準が上がっていた。発展途上国の他の国と比べると、教育水準が高かった。

そして日本の経済力と協力が大きかった。例えば、ソウルからドイツに「この機械が動かないけどなんとかしてくれ」と電話する。一生懸命説明してくれるけれど、ドイツから飛んできてはくれない。日本はすぐ隣でしょう。だからすぐ来てくれる。阿吽の呼吸なんです。

——表には出てこなくても、日韓の間で協力が存在していたということですね。

李　いや、表にも出ていました（笑）。日本人が端から悪いわけじゃないです。仕事の面においては、非常にまじめに、韓国の人ができないことを、見本を見せてくれる。

そういう例を私は常に見ている。今私が住んでいるマンションの壁をここ数ヶ月塗り替え工事をしている。毎朝八時になったら、工事の人皆が集合し、計画を立て着実に仕上げる。廊下で会うと挨拶してくれる。きちんと仕事して、終えて帰る。こういう真面目さは、韓国人にはないんじゃないでしょうか。あるいは日本人からもっと学ばなければならない。

論文を書いていてもわかります。韓国の本はものすごく厚い。中身は半分くらいに縮めてもいい位。大学の教科書もぶ厚い。だいたい大学では教科書を使いません。インターネットだけじゃなく、今はいくらでも方法がある。学生に高い教科書を買わせるというのは、その昔の貧しい時代の話であって、今は教員がいかに生き生きしたレクチャーをするかです。

すべての面において、韓国は日本から学ぶものがたくさんあります。ええ。おそらく、取材で、いろんな人に出会って、感じられることも多々あろうかと思うんですが、日本社会はですね、世界で一番かどうかはわかりませんけれども、指折りのまめな国です。

——日本のよい点を指摘していただき、ありがとうございます。在日の方は日本にいらして、日本のよい面も悪い面も両方見聞きして、よくわかっていると思います。

李　在日朝鮮人は、本国政府に対して距離を置いて、第三者の立場で独自の意見を主張してこそ、その存在価値があると思います。今の安倍政権には、韓国人、韓国政府の宣伝マンがいないというか、知っている人が少ない。日本に住んでいる我々朝鮮人は、あるいは親韓派という日本人は、自民党政権がこれまでやってきたこと、右翼の中で、系譜、将来何を目指しているのかが、わかる。おそらく、韓国人はわからないでしょう。だから僕らはそういう点では、政府にも求められれば、それなりに「こうした方がいい、ああした方がいい」と助言ができる。

在日朝鮮人の立場と言うのは、シチズンシップを持っているということになる。シチズンシップというのは、日本語に翻訳すると曖昧になってしまう。要するに、永住権を持っていること……。しかし、選挙権はない。

私の家族はみんな日本人で、私だけ朝鮮人です。韓国に行くと、「おまえ日本人だろう」と言われます。「いや違うよ」と答えます。韓国人には、在日朝鮮人のレゾンデートル（存在意義）、「我々がどういう存在であるか、何を主張しているか、我々はどういう人生なのか」

がわからない。それは韓国人の勉強不足、というか勉強しない。知ろうとしないんです。日本人も韓国人もそれぞれお互いに相手をもっと知るために、学ばなければならないと思います。学び続けなければならないんです。私は自分の経験から、国を超えた人間の相互理解は可能であるとわかっていますから……。

若者たちへのメッセージ

李　まず、「しっかり勉強しよう！」。負の歴史、国家の原罪から、私たちはなかなか解放されない。それは、常に我々の上にのし掛かってくると思わないとならない。個人の場合も、例えば親の大きな間違いなどがあった場合、家族の一員として、そこから、避けられないのではないだろうか。日韓の大人たちは、このことに注意すべきでしょう。言葉に気をつける。誤解を招くような行動はしてはならない。政治家は、特に常日ごろ勉学することだ。学校教育の役割も大きい。近現代史についての教育をちゃんと行うべきです。教員は、熱心に教材を準備すること。隣国について関心を持つようにする。興味を喚起する。国民性の違い、社会の違い、食生活、服装、顔立ちなども。日本社会の閉鎖性をどうするか、他者と仲良く暮らすには何をするか、などを常に考える。

次に「海外へ出よう！」。他の文化から何を学ぶか？　そして、自分の文化を世界という土俵の中に、位置づけてみる！　社会的な弱者と共存するにはどうするか？　学んだと言って、それが実行できるものでもない。優しい思いやりを身につける。弱者の立場に配慮し、考える。地球は丸い。隣の国と共存することは大事であり、避けられないことでもある。

みんな健康体で、頭脳だって悪くない。そんなにアホばっかりじゃないでしょう。目だって輝いている。ものすごく可能性をもっている。それぞれがどんなにきれいか。それでがんばれ。真似をする必要はない。自分の郷、出身を隠す必要はない。堂々と。それが一番人間の輝くところであって、魅力でもあるんだ。

註

1)　トルストイ『人にはどれくらいの土地がいるか』(絵本　文：柳川茂　絵：小林豊)

2)　朝鮮の小説家（一九〇二～五〇）。代表作『濁流』　早稲田大学英文科で学ぶ。

3)　社会学者（一九一七～二〇一八）。日本の戦後民主主義の代表的思想家。『戦後思想を考える』（一九八〇）　岩波新書 他

4)　詩人・思想家（一九四一～）。東学農民運動家の家系に生まれる。一九五九年、ソウル大

学美学科入学。「民青学連事件」で投獄、一九七四年、死刑判決を受けるも、二〇一三年、無罪判決。「五賊」、「灼けつく渇きで」等を発表。反体制抵抗詩人、生命思想家。

5) 「飯が天です。天を独りでは支えられぬように、飯は互いに分かち合って食べるもの」

6) 二〇一七年三月、大統領弾劾成立し、罷免。

7) ジャン・コクトー著　中条省平他訳『恐るべき子どもたち』（光文社古典新訳文庫）

8) 李景珉著　『アンファン・テリブル～韓国・北朝鮮・日本二〇年の歩み～』アドニス書房（二〇一五）

9) 台湾と北朝鮮が経済的関係を持つようになった端緒は一九九〇年代にさかのぼる。台湾電力が自社の原子力発電所から発生する低レベルの放射性廃棄物の処理を北朝鮮が引き受ける計画が浮上したことがあり、それがきっかけのようだ。この計画は結局は立ち消えとなったが、それから人の往来が本格化したようだ。（「北朝鮮、表面化した台湾との親密な経済関係」二〇一五年一月五日 東洋経済より）

10) 協和会とは、戦時下の日本で、特高警察を中核にしてつくられた、在日朝鮮人統制組織のこと。

朴　裕河（パク・ユハ）

世宗大学国際学部教授。1957年、ソウル生まれ。慶應義塾大学文学部国文科卒業、早稲田大学大学院文学研究科博士課程修了（学位取得）。

著書：『反日ナショナリズムを超えて―韓国人の反日感情を読み解く―』河出書房新社（2005）（『韓国ナショナリズムの起源』文庫本）、『和解のために－教科書・慰安婦・靖国・独島―』平凡社（2006）平凡社ライブラリー（2011）、『ナショナル・アイデンティティとジェンダー―漱石・文学・近代―』クレイン（2007）、『帝国の慰安婦―植民地支配と記憶の闘い―』朝日新聞出版（2014）他。

記録映画の山谷哲夫監督[1]は、パク・ユハ（朴 裕河）先生を、「戦う、怖い女性のイメージでしたが、実際にお会いしてみると、ソフトで、何と魅力的な方」であったと言う。実際、素敵な方だ。このインタビューでは、パク先生が本当に伝えたかったことは何かを、探っていきたいと思う。

パク先生の著書を拝読し、インタビューでお目にかかり思い起こしたのは、歴史学者・阿部謹也と哲学者・ハンナ・アーレントだ。阿部謹也は、中世暗黒時代という歴史での位置づけを覆し、徹底して文献にあたり、中世に生きた人々のイキイキとした息遣いを開示してくれた。パク先生の「慰安婦」像は、想像を絶する悲惨で、壮絶な環境に置かれながらも、自分の人生の中で、生きる意味を見つけようと模索していた女性の姿を愛情深く示してくれた。

ハンナ・アーレントは、記者として、第二次世界大戦後ユダヤ人大虐殺に関わったナチス裁判を取材し、「（アイヒマンは）上からの命令を忠実に行った単なる公務員に過ぎない」[2]と報告し、論争を巻き起こした。パク先生は著書の発表後、都合のよいように切り取られ非難されることもあった。そして、裁判にまで至っている。それでも尚自分の主張を曲げることはない。陰で涙することもあったであろう。真理を求めて屈することのない孤高の姿は、両人と重なって見えた。

インタビューは、異国情緒漂う米国基地の町、梨泰院《イテウォン》のカフェで、早稲田大学教授をして「日本人よりうまく日本語を話す」と言わしめた日本語で行われた。

日韓問題の根底にあるのは左右の問題

――パク・ユハ（朴 裕河）先生は文学研究者として、文学のみならず、日本と韓国の間にある目に見える、そして目に見えない問題について執筆してこられました。特に『和解のために』と『帝国の慰安婦』は、両国で衝撃的な書として、論議を呼びました。その結果、二〇一四年六月、元従軍慰安婦から名誉棄損で提訴されました。現在も係争中です。ご著書を拝読し、裁判の経過、著書に対する批判等を拝見していると、「敵は実は味方の中にいた」という感じがいたしました。

朴　「敵は」、ですか……。その辺のことを、もう少し細かく話していきますね。慰安婦問題をめぐる葛藤は日韓問題のように見えますが、その内実は、左右の問題となってます。つまり、両国をまたがる、右派と左派の歴史認識の対立の問題なのです。実際に、慰安婦問題を対象とした研究の九〇パーセント以上は日本の研究で、そこから出てきた認識をめぐって、日本国内でも対立してますよね。その辺のことを正確に見ないと、問題は解けません。もちろん「（日韓の左派が）どのくらい連携してるのか」という問題も、「（日韓の）どちらがより強く問題を制御しているのか」も、私たちは外部者だからわからない。いずれはその辺も、内部の誰かが分析・発言してもらいたいと思っています。

重要なのは、左派も右派も一様ではないこと……。「内に敵がいた」とおっしゃいましたが、左派にも右派にも極端な主張をする人もいるし、政治的に考える人もいる。それぞれそうした人たちの問題をきちんと指摘し改善すること、いうなれば陣営の利不利を優先させるのではなく、慰安婦問題だけを考えるということになれば、左右の接点は作れると思います。しかし、これまで運動の中心にいた人たちは、歴史問題全体と結びついてあるがままに見るのではなく「こういう風に考えるべき」としがちですね。そして、そこからはずれるような意見は、全部排除してしまう傾向がありました。それこそが問題だと思います。実際に、私が業者の責任にも注目すべきと書いたら、「それを言うのは日本国家の責任を免罪することだ！」などと言われたわけです。

——一つの事実として明らかにしたことを、すべてに結びつけて捉えられてしまっているということですね。

朴 そういう風に考えてしまう思考が多々見られました。それは、「あるべき歴史」を優先しているからです。

——インターネットの普及によって、利用者すべてが批評家になり、全体を見て、ある事実についての言説を視るのではなく、述べられたある部分だけを切り取って、非難する傾向がますます強くなっているような気がします。

朴　それは、大衆もまた「あるべき歴史」の観念にとらわれているからでしょう。そして、そうした人たちに、そうした傾向が強いようです。実際に情報を出しているのは、運動家であれ研究者であれ少数ですよね。当初はそうした人たち――少数の対立だったわけですが、彼らが出す情報を共有しながら、対立構造が大きく深くなっていった。今思うと、最初に出された運動家・研究者たちの情報に不服の声が出た時、情報発信者たちがきちんと耳を向けて対話すればよかったのです。が、それをせずに、放置し、無視し、単に右翼呼ばわりをして敵に回しているうちに、そうした人たちも声が大きくなっていったわけです。慰安婦のことを考える最初の目的を越えて、政治運動になってしまったがゆえに、誇張や曲解さえも放置・助長された。そして、一般の人たちは、そうした情報を広く共有してしまっているわけです。しかもそれにともなう敵対的感情まで……。こうした過程をもう一度、きちんと、客観的に検証し、何が大事なのか、何がないがしろにされたのかを考えられる形にしていかなければならないと思っています

――『帝国の慰安婦』の「あとがきに代えて」の中で、「慰安婦問題は実はもう慰安婦問題だけの問題ではありません。二十年以上、関係してきたあらゆる人々、この問題

をめぐる意見対立と葛藤で傷ついて涙を流し、抑圧されたすべての人々の問題でもあります。この問題の解決は、慰安婦の被害者だけでなく、この問題に長年携わってきた人々のためにも必要です」とあります。急がなければ、時間の経過と共に、慰安婦の方も支援している方も老いてくる。しかし、なかなか解決できないということが現状としてあります。

朴　日本に対して「早く解決せよ」と言ってきたのは、むしろ支援団体ですよね。ところが、「こういうやり方で！」というのがすでに決まっていて、その他の声や意見は無視・抑圧して「これだけが最善、これに従うべきだ」と言ってきたようなものです。

――さまざまな声があるにもかかわらず、支援団体に聞こえる声以外は排除しているということでしょうか？

朴　そうですね。同時に、支援団体に聞こえる声も排除してきたと思います。私が書いたのは、そういうことでした。「当事者」の声も一様ではありませんから……。しかし、そうした声が外に出ることはなかったし、あってもメディアが注目しないので拡散されませんでした。

文学研究者が見た帝国の慰安婦問題

――パク先生は「当事者たちの声を拾いたい」とおっしゃっています。

朴　はい。「当事者」とは一様ではないことに気が付いたのでそうした声を伝えたいと思いました。ところが、本を出すとそうした声は「例外だ」と主張する人たちがけっこういました。ある人は「破片化作戦だ」[3)]とまで言っていました。証言の中にあるにもかかわらず、「あるべき歴史」観にとらわれるとそういう考え方をしてしまいがちです。強制連行かどうかということに関していえば、証言の九〇パーセント近くが、知られていたのとは異なる記憶でした。しかし、そうしたことに関しては触れない。また、私が慰安婦の「楽しかった」記憶について書いたのは、別にそうした記憶を中心に置くためではありません。

――ある慰安婦の方に、一つの出来事として記憶に残っているという事実を述べたということですね。

朴　そうです。けして「楽しかった」という自体を強調するためではない。そうしたことまで見て、初めて全体を理解できるからです。

ある意味では慰安婦の中でも、体験が違うのは当然で、私は時期と場所によって異なると書きましたが、同じ地域や、同じ空間にいても、年齢、あるいは日本語の上達状況など、いろんな状況によって慰安婦の体験や感じ方は異なってくるわけです。少し年上の人の方が、もう少し順応しやすかったように見える状況があります。日本語もできず、まだ幼いと当然ながら感じ方も変わってきます。もちろん同じ環境でも、個人のキャラクターなどによって、耐え方も違ってきます。そうした違いが、これまでは見えてこなかった。それは今でもやはり同じで、（慰安婦の存在を）一色透明な存在として見てしまう傾向が強いですが、そんなことはないわけです。そうしたことを、慰安婦問題の中心にいた歴史学者や法学者は見ようとはしなかった。

――歴史家や法学者の見方とは違ったものさしで見てこられた。

朴 私は文学研究者として、きれいに裁断できない「人間」を見る作業を仕事にしてきたわけですから……。

――深く、掘り下げて人間を観、研究されていらした。そういう視点で慰安婦問題を見ていらっしゃった。その視点が『帝国の慰安婦』へと結実したのでしょうか。

朴 そういうことかもしれません。証言集を中心にしたのは文学研究とは「テキスト分析」ですから……。ところが、「深く視る」とか、「中心言説とははずれるところも視る」ことに対する反発が、非常に大きい。それを「水増し作戦だ」と見ようとする人が多かったです。

特に男性に、そうした傾向が強いことが分かりました。もちろん女性もいますが。対象を個人ではなく、どうしても「朝鮮人」、「日本人」といった、ナショナル・アイデンティティとして見ようとするからなんです。

——日本あるいは日本軍ということに対して、すでにイメージが出来上がってしまっているということですか？

朴　そうですね。つまり、一人の個人をナショナル・アイデンティティとして見ようとするから、そうした対象への理解や憐憫を「免罪ではないか！」と考えるわけです。免罪してしまうことへの怖れがそうさせてますね。でも本当は、そういう風に見なしてしまう傾向こそが問題で、今後もう少し詳しく書いていきたいと思っています。

合理的に考えられる多くの人々との出会い

——「この日韓関係の状況を打破したい、少しでもよりよい関係にならないか」と思う方もいらっしゃいます。そう考えている方々にお会いしてきました。例えば、北海商科大学教授の水野俊平先生は、「日韓関係がうまくいくっていうのは無理だ。うまくいく方法があったら教えてほしい。もしその答えを知っている人がいるとしたら、それはパク・ユハ先生だけだ。僕のとこなんか来ないでパク先生のところへ行くべきだ」とおっしゃっていました。水野先生には「これからパク・ユハ先生にお会いします」とお伝えしました。

朴　（笑）。日本でヘイトスピーチがひどくなった時に、ツイッターを始めました。そのとき、「お互い嫌になって諦めの気持ちになっているが、それが問題だ」と書いたことがあります。「日韓関係はどうなりますか？」とよく聞かれますが、「諦めたい気持ちを乗り越えて、それぞれがやれることをそれぞれの場でやってみる他ない」と私は思っています。

つまり、ある力が今存在し、それが強く状況を動かしているわけですが、そうした状況を放っておく、放置するのではなくて、やっぱりきちっと声を出すってことだと思います。

幸い、訴えられたおかげで、希望を託すべき出会いもありました。日本をよく知っているというわけでもない一般市民で、私のフェイスブック上の韓国人友人が中心ですが、私の別の本も読んでいた人が多く、若い人たちもいました。つまり目の前で起こっていることを見ていて、「これはおかしいのでは？」と思われるようなことが生じたとき、せっかちな判断をするのではなく、合理的に考え発言できる人々と出会えました。少数ながら、そういう人たちに……。

――韓国の中にも、親日派ではなくても、合理的に考えられる人が実際に存在しているということですね。

朴　そういうことです。そういう人たちがこの間私を支えてくれました。二〇一四年六月に、訴えられたのですが、フェイスブックで集まった激しい非難に対抗して擁護してくれた人たちと、七月ぐらいから対策議論を始め、心理的にずいぶん助けられましたね。最初に「対策を考え支える会をつくりましょう」と言ってくれたのは、アメリカ居住する韓国人女性教授でした。彼女ともそれまで面識はなくフェイスブックでつながってました。彼女は「学者が学問的発言によって迫害されたこと」に問題意識を持ち、「基金をつくろう」と言ってくれました。ただ、私自身はお金を集めることに抵抗がありました。そこで代わりに、歴史問題をめぐってさまざまな意見を交わし、問題意識を共有していける空間が必要と考え、そうしたことができる会（東アジア和解と平和の声）になりました。今年（二〇一五）の六月に初めてのシンポジウムを開き、その時の記録を資料集にしました。

日韓基本条約締結から五十年が経ったが

朴　日韓問題に戻りますと、日韓基本条約[4)]が一九六五年に結ばれてから、今年は五十年です。五十年という歳月は長く、いろんな分野での交流がありました。その結果、交流の層も多様で厚いです。経済だけでなく文化や学術交流など……。なのに、そうした交流が全く役に立っていないと思いました。

――財界のつながりだけでなく、文化交流などもあったのに、それが役に立たなかったのではという残念なお気持ちでしょうか？

朴　そうですね。「この五十年間の交流、つながりは何だったのか？」という思いです。経済的なつながりや文化交流……。それに注がれたはずの時間やお金が、ほとんど機能しなかった。役に立たなかったわけでしょ。両国共によく知り、好意を持っている人、国際結婚している人もいる。そういういろんな人がいるのに、声を出せない、出さない状況が続いています。長く住んできた方でもそうでしょうね。改めて、そういう人たちにも声を出してもらえる空間をつくりたい、そういう意図もありました。すぐに、「あなたはどちらの味方か？」とばかり聞かれ、声が出せない状況になっていますが、そういう質問自体がどれだけ暴力的なのか、ということを知ってもらいたいです。

――「踏絵」のようになっているということですね。

朴　この資料集には、ある一人の方の報告が載っています。「自分の妻は日本人だ」と日本人である自分の奥さんのことを書いているんですね。彼は韓国人弁理士で、私の告訴があったすぐ後に、フェイスブックに長い書評を七回も書いてくれました。

この会（東アジア和解と平和の声）には、学者だけじゃなく、彼のような一般市民など、いろんな分野の人がいます。声を出せる人が出せない状況はよくありません。そういう意味で、いろんな立場の方と一緒に声をあげていきたいと思ってます。

日本の左派の基本的スタイルにも問題がある

――「日本の左派は、韓国や中国が日本の帝国主義を批判する声をそのまま受け入れ、韓国内部の問題や中国内部の問題は、黙認している。それは左翼の基本的なスタイルで問題だ」とおっしゃっています。つまり、従軍慰安婦の問題などを、左派は日本を変えるための道具として利用しているということでしょうか？

朴　利用とまで言っていいのかわかりませんが、結果的にそうなっています。本人たちは利用しているつもりはないと思いますが、「我々は、日本をもっと改革していかなくちゃならない。その証拠として、従軍慰安婦の問題があるのだ」と主張していますから……。とても慰安婦の方々自身のことのみを考えているようには見えないですね。もちろんそこまで政治的な人は（左派の）一部ですが……。

――私の友人が、一九九五年日比谷で戦後五十年のあるシンポジウムに行きました。最後に村山富市首相が登壇したところ、前の方に陣取っていた慰安婦のハルモニたちがステージの村山首相に向かって怒号でまくしたて、結局退場させられたそうです。

朴　そうですか。あの頃、村山さんを批判している支援者は多かったから、そういう雰囲気の延長なんでしょうね。残念な場面ですね。

――平和基金について見ると、「国会決議を経た公的に出されたものではないのでダメだ」という意見があり、他方で、「日本における限界の解決策なのでこれでいきましょう」という意見もありました。先ほど先生がおっしゃっていたように、左翼の責任もあるでしょう。研究者として日本の文学者との関わりもあると思います。例えば、大江健三郎氏の発言はどうお考えでしょうか？

朴　大江健三郎さんが、今年の春、韓国に講演のため来られましたが、その時私が翻訳した本の出版記念講演もなさったので、通訳として一緒にいました。慰安婦問題に関しては、大江さんはよく知られている通りの考え方をしてらっしゃいました。その場でも「責任を取るべきだ」と日本政府を批判していらした。私が翻訳し今年出版された『水死』という作品には慰安婦問題を背景においたような記述もあるので、この問題を深く考えておられるとも思いました。ただ、慰安婦問題をめぐる複雑な状況まではあまりご存じないのではないかと思います。そういう意味では公の場では常識的な日本批判をされる他なく、それはそれで理解しています。慰安婦問題をめぐる複雑な状況まで見ている人は、やはり少数だと思います。

なぜ「帝国主義」に関心を持つようになったか？

朴　私は大学院で夏目漱石を研究しました。漱石のナショナリズムを考えているうちに、ナショナリズムが帝国主義になる構造を見出すことができました。漱石は、明治時代を生きた人で、日本の近代初期を生きた人です。韓国人として日本と向き合う時、帝国主義に関心を持つのは当然ですが、そうした個人的なきっかけはありました。同時に、月並みな帝国主義批判ではかえってその本質が見えないと思いました。その時代を生きた「個人」を見たいと思ったのはそのためです。

また、帝国主義はその後の冷戦体制と深い関係があります。今でも韓国は冷戦初期に作られた分断状態ですし、そういうことを考えるためにも帝国主義について考えるのは必須でしょう。

戦争犠牲者に関心を持つのは、いろんな人に聞かれますが、根っこには中高時代の読書体験があると思います。朝鮮戦争をめぐる小説や基地で生きた女性たちの話など……。そうした構造が、今に続いていることを認識したからでしょうね。

朝鮮半島の平和を願って

――高校生の時に?

朴　はい。私の関心の根底にあるのは、やはり韓国のことです。連邦制であれ南北統一であれ、南北の平和体制づくりにも関心があります。私の専門は日本なので、南北問題について言える資格もなければ余裕もないのであまり言わないのですが……。

――問題意識の根っこにあるのは、朝鮮半島の統一なのですね。

朴　統一というより、平和ですね。そうした関心を無視されている気もします。私を一番執拗に批判しているのは、明治学院大学准教授で在日朝鮮人三世の歴史学者、チョン・ヨンファン（鄭栄桓）氏で、自分のブログで批判を書き続け、韓国語にも翻訳して流しています。彼は朝鮮籍ですが、批判者たちの多くは、私の本が「経済安保的な理由から、日韓中心の和解をして過去は水に流そう」とするものだというような捉え方をしています。ちゃんと読めばそういうものではないのはすぐにわかるはずで、本当にそういう捉え方をしているのか、単にそう言って別の人にも批判させたいのか、私にはわかりませんが、とにかくそういう括り方をしています。さまざまにフレーム作りをし、しかも広く流布させているので、そうではないという説明からしないといけないことになり、とても疲れます。

バッシングを受けて
――慰安婦の問題を「帝国」の問題として考えたこと、「これまで声をあげてこなかった人たちの声が、倫理的で合理的な『第三の声』となって出会う契機となる」ことに対するパク先生の願い、祈りが届かず、一部だけが切り取られています。

朴　最近の批判者たちは、「日韓の和解ですべて終わらせるな」と言います。チョン・ヨンファン氏は、朝鮮籍で韓国には入国できないのですが[5)]、彼はそう言ってました。ハンギョレ新聞は、彼のそうした発言を真に受けて私への批判メディアになってます。今年の二月にも、彼の批判を引用して、私を批判しました。つい二、三週間前にも、パク・ノジャ（朴露子）氏という元ロシア人の韓国国籍学者がいますが、彼と韓国に入国できない鄭氏との対談を東京で行い、私を非難していました。ハンギョレ新聞によるパク・ユハバッシングであるわけですが、その中心を担っているのが在日の若い研究者のチョン・ヨンファン氏です。今月末（二〇一五年八月）に歴史問題研究所が出している雑誌「ヨクサピピョン」（歴史批評）にも彼の論文が載ります。チョン・ヨンファン氏の他に、もっと若いまだ博士課程にいる歴史研究者たちによる座談会も載ります。当初は反論を書こうとは思っていなかったのですが、やはり書こうと思っています。反論掲載の許可をとりました。

――大学で若い世代の方を教えていらっしゃいます。反応はいかがですか？

朴　そうですね。一年前（二〇一四）、六月に訴えられ、夏休みの間、支援団体（福祉居住施設「ナヌムの家」）が二度も大学の前で糾弾デモを行いました。原告になっているナヌムの家の慰安婦のハルモニ（おばあさん）たちと一緒にです。「あのパク・ユハを辞めさせろ！　あの本を焼け！」と来たんですね。

そういうことがあったので、大学が始まって授業を行ったときは、学生たちに少し説明をしました。私の授業を選択している学生は、それなりの考えがあって来ているので、訴えられてから最初の授業では『帝国の慰安婦』を一緒に読んだりもしました。その後はやっていませんが……。

――やはり圧力は受けたのですね。私の周辺にいる読者の中には、「誰かがパク・ユハ先生を守ってあげないといけない。大丈夫だろうか」とすごく心配している人もいます。

朴　ありがとうございます。私も本当にびっくりしました。本を書くとき緊張の気持ちはありましたが、それは批判に対してであって告訴ではありませんでしたから……。でも訴えられた直後に、私とずっと長いこと学問的に近かった学者たちが「告訴を棄却せよ」との嘆願書をつくり署名を集めて裁判所に出してくれました。

——すでにある言説に対して、自分が正しいと考えていることを主張するのは……。

朴　難しいですね。（『帝国の慰安婦』に対する）批判者の面々には、慰安婦問題研究者では（韓国には数人しかいないので）一人二人ぐらい。その他には、歴史学者だったり、法学者だったり、主に男性学者でした。その発言を見て思ったのは、学問分野の違いも手伝ってか、彼らの発想自体が違うということでした。

強制性をめぐっての議論は、「物理的に連れていった」という認識が中心でした。今ではそういうことではないということは、多くの研究者たちにわかってきています。今の議論の中心になっていることの一つは、「女性たちが連れてこられた時に、それを軍が知っていて受け入れた」、あるいは「知っていて業者を処罰しなかった」と。それは刑法二二六条（人身売買罪）に違反すると、批判者たちは主張します。ですから、国家賠償すべきだという論理です。

しかし、それは正しくないと私は考えています。なぜなら日本側の公的方針は、「ちゃんと書類を確認し、だまされるようなことがないように」というものだったからです。実際にだまされて連れてこられた場合、別の場所に就職させるように処理したこともあった。もちろん、知っていながら黙認したことは多々あったでしょう。業者も、お金を払って連れてくるわけですから、どこで違法があったのかはケースごとに違っていたはずです。つまりそうした違法に、軍が集団として関与したのか、ということが問題となってきます。であれば、そういうしたことをめぐってきちんと議論をしないといけないわけですね。

しかし、先の二二六条を持ってきたある法学者は（これは古くから運動の中心にいた学者・法律家が共有してきた論理です）、「二二六条に触れるような強制性があったのかないのかだけが重要」と言います。つまり、法律が先にあって、それに抵触する行為があったかどうかだけで「国家責任」の有無を決めようとする発想です。「法的」責任があるかどうかだけにこだわる理由ですね。「強制性」にこだわる理由でもあります。道義的責任とかは考える必要がない、という考え方です。法学者の考え方はこうなのかと改めて驚いたものです。

――謝罪が必要ないということですか？

朴　彼の考えによると、「刑法二三六条に違反してなければ責任を問う必要はない」ということです。

――法律に照らし合わせて、シロかクロかという考え方なのですね。

朴　そうです。なるほど法学者の発想ってこういうことなんだとわかりました。とても同意はできませんでしたが……。歴史家も、批判者は大体一緒です。「事実」かどうかにのみにこだわっていて、その「事実」をめぐってさまざまに考えること、受け止め方は無視されています。

『帝国の慰安婦』は学際的研究

――パク先生の主張が、研究者の立場からのものであると批判者たちは見ていない。

朴　突然「一般書」として出されたことへの不満が強く見られました。こうした「常識やぶり」のことを突然一般向けに出してしまったことへの不満。なぜ「論文」として書いて学会に出さなかったのか、と言った人もいましたね。しかし私には、この本を学会に出そうなどと思ったことはありません。研究者として自分の論文を検証される空間は、文学分野で十分と考えていますから……。また、慰安婦問題は多くの人が知っている問題で、国民の認識が変わらないと解決できないと思ったので、一般書の文体と形で出したのです。たとえ学会に出したとしても、通らなかったでしょう。

私の作業は、一人で行う学際的研究だと思っています。歴史研究者は「小説などを使って」と非難しましたが、それはデータだけでなく「内面」を見るのに参考にしたかったからです。しかも、ちゃんと現場を経験した作家で、限界はあっても慰安婦に共鳴していた日本人作家の作品を扱いました。「軍人でもさまざまだった」ということも示したかった。実際に、慰安婦について最初に書き残したのは、元軍人の作家と言っていいくらいです。

ともあれ、「論文」の権威にこだわっていた若い研究者は、『帝国の慰安婦』は大衆書だ」と言って貶したがっていましたね。面白い現象でした。

『帝国の慰安婦』を書いた理由

——先生は、『帝国の慰安婦』を研究者としてお書きになったのか、それとも、世の中を変えたいというお気持ちで書かれたのでしょうか？

朴　研究者として書くということと、世の中を変えたいということが別々とは思いません。

ただ、点数化される業績になるのは論文ですから、あえて言うなら後者かもしれませんね。「少数の専門家だけで消費する論文」という意味での学術書にするつもりは、はじめからありませんでした。私自身「実用書」とも言っています。いろんな資料を読み、必要な理論をもとに、出てきた結論を書いたわけですが、それを何と呼べばよいのかはわかりません。文学研究者ですから、テキストを読むということが基盤になってはいます。証言から見えてくるものを書いたわけですから……。あえて言えば、文学と思想（理論）と歴史の間を徘徊しつつ、思索の結果物です。

今の現実を打開するために、いや、はっきりと打開するというわけではなく、打開のためのヒントになればと思い、執筆しました。運動を率いてきた人たちの問題点を指摘したかったのが最初で、それを言うためには、慰安婦自体についても知る必要があったので、慰安婦についても勉強をした。やっぱり自分なりの運動ですね。書くことによる運動……。

――「被害者側の赦しから始まる」とおっしゃっています。被害者からの赦しを得るためには、加害者側の態度が重要になるということでしょうか？

朴　それは、二〇〇五年『和解のために』に書いた言葉ですね。相手がいくら謝罪しても、謝罪を受ける側が赦す気持ちにならないと、和解は成立しない。だからこそ被害者側の姿勢も重要という意味で書きました。『帝国の慰安婦』にはある元「慰安婦」の言葉[6]を引用したわけですが、『和解のために』に書いた私の考えと考え方が似ていて驚きました。ただ、「私（被害者側）が許せば加害者側も何らかのことをするのではいか」という風におっしゃっていて無条件にではなかったわけですが。ただ、けっこう評判が悪くて…。

——韓国側で評判が悪かったのですか？

朴　いいえ。韓国語版には書いていません。その方は、韓国語版が出てからお会いした方ですから。日本側から、「あなたは当事者でもないのに何の赦しだ」と非難した人たちがいました。

『和解のために』も、しばらく電子版の方しかなかった時期がありましたが、この間（告訴一周年を記念して）、韓国語版で紙の改訂版を出すことができました。日本語版には入ってない内容も入っています。二〇一二年に書いた、短い「竹島論」を入れましたし、告訴されたあと支持者になってくれた若い研究者の解説も入っています。その人は柄谷行人氏が好きで、私が翻訳した柄谷行人氏の本が縁になったと言えます。本のデザインなども、先ほど話した「東アジア和解と平和の声」で出会った人がやってくれたので、グループで作ったようなものです。

願いは東アジアの平和

――パク先生の今後の目標、夢は何ですか？

朴　……。もちろん日韓平和や南北平和ですが、そうしたことができるように、葛藤を減らすことです。東アジアという地域が帝国と冷戦・熱戦がもたらした過酷な歴史を乗り越えて信頼と友愛に満ちた状態になることを願っています。葛藤を減らすとは、日常の平和を冒されず、相手を理解する過程でもあります。『帝国の慰安婦』とは自分の意思に反して移動させられた人々のことです。そういう意味で日常を壊されないことの大切さを考えたいですね。戦争はその極限の体験ですが、戦争も葛藤が引き起こすものですから。自分の日常は言うまでもなく。相手の日常に関心をもてることは平和作りにとても大切です。そういうことに少しでも役立つことができればと思ってます

――それぞれが日々の生活を守ることが平和につながる。平和への希求がパク先生の源泉ということですね。

朴　そうです。これから残りの人生でもそうしたことを考えてきたいと思ってます。

――先生の意図は帝国主義批判ですね。

朴　そうですね。差別、支配……。支配関係は必ずや差別関係を作ります。支配・被支配関

係こそが差別を作る。差別できれば、搾取もできる。ここで敢えて帝国の問題を出したのも、戦争という武力までいかなくても、日常における支配-被支配関係の問題を話したかったからです。すべてはそこから始まるということを言いたかった。

――ごく身近にある問題に目を向けて、考え始めようということですね。ある意味で、「差別する」というのは楽な行為だと思います。もしも一人ひとりに識別できる能力がきちんと備わっていれば、差別したり、バッシングしたりする必要はないと思います。しかし、実際は難しい。パッと見て、信じていいかどうか判断は難しい。「差別する」ことによって、これはブルーだからこっち、これは赤だからこっちと、分別しやすくなる。実際は、非常に複雑で、なかなか識別できません。だから、先生がいいと思ってやっていらしたことが、その真意が伝わっていなかった。それぞれ都合のよいところだけ切り取って取り出して解釈されていた。日本側が分裂してしまったということは、正確に理解していなかったと思わざるを得ません。パク先生の本を読んで、賛成を表明していた日本側の人が、実はそうではなかった。識別できる能力、正しく理解できる能力を養うような知恵と教養があればと思うのですが、なかなか難しいので、簡単な方法として、「差別」しているのではないかと私は考えておりました。

朴　そうですねえ。差別という言葉が適切かはわかりませんが、さっき話した多くの批判者たちがジェンダー論的な問題をもっていたことは確かです。

人間中心の思想から、生命あるすべてのものが尊重されるパラダイムへ

――差別をなくすために、どんなことができると思いますか？　結局教育でしょうか？

朴　もちろん教育ですね。考え方を養うということ。それぞれがみんな大切な存在であることを知ることが出発点ですね。そして、支配・被支配関係は支配者にとって一見気分のいいことかもしれませんが、誰も幸せにしないということ。

二〇世紀で一番重要な発見というのは、マルクシズムとフェミニズムと言われますね。両方とも人間による人間の支配の問題を指摘しました。階級や性別による差別や支配の問題ですが、今や動物の権利も注目される時代になりました。被害者は、関係レベルを変えてみると、別の対象に対して加害者となることは多い。人間は長い間人間中心主義で発想してきたわけですが、遅ればせながら大切な観点を手にしたと思ってます。

弱者としての女性や人種・民族の問題に関心がもたれてきましたが、老人や子どもの問題はまだ十分には考えられていない。年齢差別ですね。老人や子どもたちを抑圧させるものは

何かとか、考えるべき論点はたくさんあります。結局権力が関係を規定しますから。子どもは自分で声を十分表現できませんから。まだ子どもが主体となった思想は出てきてませんが、いつかは出てくるだろうと思います。老人問題は、徐々に出てきてますが、まだ本格的とは言えないでしょう。それぞれの日常の平和のためには、さまざまなレベルでのアプローチが必要だと思っています。

それぞれの場で存在を尊重すること

――パク先生の問題意識では、特に「権利」という視点でアプローチはなさらない。

朴　そうですね。権利と言えなくもないかもしれませんが、それぞれの存在自体を大事にするということなのかもしれません。権利を主張することとはちょっと違いますね。

――先駆的な見方ですね。

朴　そうでしょうか。権利と言われてみると、そんな感じがしますね。

――フェミニズムでも主張しているのは、権利ということだと思いますが……。

朴　フェミニズムにもいろいろあるので、一概には言えません。エコフェミニズムから急進フェミニズムまでいろいろありますからね。権利や主張はどこかで権力に結びつきやすい。

例えば、いま私が陥っている問題も関係があるかもしれませんが、左翼を含め「運動」には具体的な目標があって達成することが重要になりますね。するとその過程で出てくるひずみには注目しない。注目しない理由は、運動をダメにするからですね。亀裂を入れてしまうことで弱体化しうるから……。

韓国の批判者たちの私への批判も同じことだと思うんですね。（日本を）「免罪」するということは、やっぱりその人の考え方や自我が弱いからだと思う。つまり、自我が強いと正しい亀裂であれば亀裂を恐れずに済む。

「民主」という言葉がたくさん使われますが、民主とは権利以前に、それぞれの大切さが認められることだと思うわけです。そういう意味では「民主」を掲げていながら、私への抑圧に加担することで、自らの「民主」思想を空虚にした人も多かった。本来は自分の周りで実現すべきことなのに、遠くにある国家や共同体内での民主だけが叫ばれる傾向があった。

この一年、告訴というとんでもない事態に遭遇して、わたしは裁判所と国民の両方に抑圧されているわけですが、そのこと自体に気づかない、「民主」を掲げる研究者や運動家が多かったです。本人が意識するか否かとは別に、告訴の後の批判はすべて抑圧に加担したことになる、と私は思っています。

「私はパク・ユハへの告訴には反対するけれども」という言い方をしながら、本の内容を批判する人たちがいます。しかし、そうした批判内容こそが訴えられた内容でもあるので、構造的には擁護ではなく抑圧になることが多かったです。つまり、私の「民主」は、尊重しなかったことになるのです。私の日常はめちゃめちゃになりましたから……。

それは、いうまでもなくリベラル側が目指していたことではないわけですよね。にもかかわらず、自分が抑圧しているという自覚はない。どうしてないんだろう？　と不思議に思います。ですから、本当に民主的であろうとしたら、その価値を損なうことが生じたとしたら共同体に亀裂を入れることなど恐れずに、問題提起すべきと思います。

韓国批判も、どんな言葉で、どのような時に言うかは、慎重に選ぶべきだとは思いますが、やっぱり必要なことを怠けた背景にあった心理などは、まあ日本側から書くべきでしょうね。とても微妙な問題だと思うので。話していたように、それこそ政治的な問題もあるかもしれないし、その他のいろんなことがあるかもしれない。国家問題と言っても、やっぱり個人の心理や感情の問題であったりしますから……。国家も、当然ながら人間がつくっているわけですからね。

——先生のご著書を拝読し、学ぶことが多かったのですが、特に感銘を受けたのは、慰安婦の存在が実は全女性に関わっている、というところです。なぜなら『慰安婦』とは、構造的には一般女性のための生贄の未でもあった」から……。指をさす人がいるけれども、指さす権利はない。そういう意味ですべての人が関わっている。私たちも関係があるということです。[7)]

朴　どうして（慰安婦の問題を）みんなが考えないといけないのかということですか？　それは、それぞれの場で考える責任があると思うからです。誰もが何らかの関係あるアイデンティティをもってますから……。[8)]

例えば、私を非難している人たちは、「（パク・ユハは）慰安婦のことを考えていない」と言います。この本で伝えたかったのは、誰がそういう仕事をやらされたのかということだったのに……。例えば、私は韓国の、どちらかといえば有産階級の後裔なんですね。普通の庶民層ではあっても無産階級ではありません。私の母親は（慰安婦に）連れていかれなかったわけですが、連れていかれた人たちへの責任を、日本人の子孫たちが感じるべきであるなら、私もまた責任を感じるべきです。自分なりの責任の取り方だったわけですが……。

——「同時代に生きていた」という意味で、「加担」していたのだと、だから我々に関係ないとは言えない、皆が考えなければならないということですね。

朴　連れていかれなかったというのは、連れていかれた人がいたから、ということですから。戦後世代とはどういう関係があるのか、ということともつながります。

——戦後七十年の安倍談話に、「あの戦争には何ら関わりのない、私たちの子や孫、そしてその先の世代の子どもたちに、謝罪を続ける宿命を背負わせてはなりません」とありました。

朴　ありましたね。私だって「謝罪要求を続ける」ことは問題と考えますが、それがそのまま謝罪意識を感じないで済むということにはなりません。もっとも、ある在日知識人が戦後世代、若い人たちに対して、「自分に責任がないと思ったら（日本の）パスポートを捨てなさい。つまり、日本人としてあなたがもっている権利は捨てるべきだ。日本という国家があるからこそ、今のあなたがあるから」というような極端なことを言いましたが、そうした考え方にも私は賛成できません。安倍さんの話はそうした考え方への抵抗でしょう。そして、そういう抵抗の言葉として理解できますが、そういうふうに考える人はむしろ少数だと思うし、そうした考え方がなぜ問題なのかを考えるためにも「謝罪」という言葉は忌避されてはならないと思います。

歴史を考えることの意味

朴　歴史を考えるというのは、今現在の構造を考えることです。そして、誰も抑圧されない社会をつくることにつながることだと思います。そうでなければ、あまり意味がない。私にとって歴史への関心というのは、そういうことです。昔の人たちがやったことを見ることではじめて現在に続く抑圧構造を抜け出すことも可能ですから。どうすればそうではない未来をつくれるのかなどを考えるための歴史関心であればいいと思います。

――「軍人」とか「慰安婦」とかの問題をテーマに据えたのも、両者を考えることによって、現在、未来について考えることにつながると思惟なさったからですね。[9)]

朴　軍人や慰安婦に与えられた仕事は誰もやりたくないことですよね。殺したり、殺されたり。性を提供させられたり。いやな事を毎日やらされる。特にこの二つは、体の棄損とその果てに死が待っている職種です。そうしたことを最近は「死の労働」と言っています。危険度が高いわけですから。ある意味で後方の日常を守るために犠牲にされた人たちです。そうした状況だからこそ、みんなで考える必要があると思いました。歴史を考えるということは、人の犠牲に頼らずに生きていける社会をつくることにつながると思ってます。

母として、研究者として

——女性研究者として、母親として、どのようにやってこられたんですか？　先生のお母様、あるいはどなたかが助けてくださったのですか？

朴　留学時代は専ら保育園のお世話になりました。よく母親も韓国から来て助けてくれましたが……。帰国後は息子も小学校三年になっていたので預ける必要はありませんでした。家事は家政婦さんに週一回ぐらい来てもらってました。

——研究と育児の両立は大変でしたでしょう？

朴　いやあ大変でした。ただ、家事に関しては、韓国の方がもっと助けてもらいやすいのかもしれません。そういう意味では、帰国後の方が楽でした。

——時間の配分はどうなさっていましたか？　これだけの本を書くためには、お一人きりになれる時間、すごく時間が必要でしょう？

朴　もちろんそれは……。集中して書くときは、人に会わずにこもることが多いです。

——ご家族との時間は？

朴　留学の時連れていった一人息子は成人して、日本に留学しています。夫とは十年前に別れてしまいました。そういう意味では、ここ十年は時間的には以前より楽だったと言えるかもしれません。
息子が小さい時は、夜と週末はできるだけ一緒に時間を過ごしました。本を読んであげたり、日曜日はどこか遊びに行ったり。でもその分、自分の週末がないものだから体がダメになりましたね。留学の期間七、八年くらいと、帰国してから合わせて一五年位は、週末もほとんど休みなしの時間を過ごしました。当然のことですが身体がボロボロになって、二〇〇〇年に大きな手術をして、以降は、少しペースダウンしました。まあ、若い時は身体がもつから、誰もが一度はそうした経験をするかと思いますが……。

多感な時代を日本で過ごして

――学生時代日本で過ごしていらっしゃいますが、なぜ留学しようと思ったのですか？

朴　直接には親の仕事の都合で来日することになりました。私は末っ子でしたから、兄弟も家にはもういなかったので「一緒に」と。高校卒業の年に来日、日本語学校で一年間日本語を勉強してから、慶応に進学しました。
日本に行く前は、別に反日感情を強く持っていたわけでもありませんが、日本に大きな関心を持っていたわけでもありません。ただ、高校時代に読んだ日本の文学は「日本人」をめぐる偏見を打ち破りましたね。「個人」としての顔が見えてきたわけです。学部大学院では日本文学を研究し、川端康成や夏目漱石に関心を持ちました。

院生の時、日本帝国主義に批判的だったと言われていた漱石の日本観や朝鮮観に問題があるように思えた。それが今につながる私の原点です。漱石の著作物のあちこちに、帝国主義的な視線——朝鮮人・中国人への優越的な視線、女性蔑視、国家主義に対する容認などがあることに気づいたのです。そこで『こころ』をジェンダー分析したり、「漱石と国家主義」という論文を発表したりしました。

帰国する直前、たまたまボランティアで慰安婦ハルモニの通訳をすることになったのですが、それまで間接的にしか聞いたことがなかったハルモニの証言を直接聞き、涙を流した。それが慰安婦問題に関心を持った直接のきっかけです。[10]

■インタビュー後の裁判の経過

・二〇一五年一一月、ソウル東部地検は『帝国の慰安婦』の内容が「虚偽」だと判断し、名誉毀損罪で在宅起訴。

・二〇一七年一月、無罪判決。

・二〇一〇月、一審判決を破棄し、罰金一〇〇〇万ウォンとする判決、大法院に控訴。

註

1）山谷哲夫監督は、沖縄の従軍慰安婦となった朝鮮人女性、ペ・ホンギ（裵奉奇）さんのドキュメンタリー映画『沖縄のハルモニ』（一九七九）を制作した。二〇一八年一二月、東京渋谷アップリンクで、「シブヤ都市伝説—「ハルモニ」の蘇り『沖縄のハルモニ』上映&トーク」で、山谷監督はパク・ユハさんと対談し、パク・ユハさんは、この映画について「古い朝鮮女性のよさがよく描かれている。言葉通りのハルモニで、懐の深さを感じた。そして、韓国の女性から声をあげたことがよかった」と感想を語り、さらに次のように述べている。

四十年も前に『慰安婦』問題に関心を持ってこうした記録を残されたことに敬服しました。ペ・ホンギさんが心を開いたのは、山谷さんの熱意によるものだし、回を重ねるにつれて、さらに打ち解けていく様子を見ると、まさに情熱と人格が作った作品であることがよくわかります。貧しい家の娘が犠牲者になったという、慰安婦問題がなによりもまして階級の問題だということ、そういったところが素晴らしいと思いました。ぺさん（沖縄のハルモニ）の言葉でなるほどと思ったところ、「軍人が優しかった、難しい人もいた」、「戦争に負けたときつらかった」、「敗戦の時日本軍と一緒に行こうとしたら米軍が制止した」。山谷さんと食事を楽しんでいる様子、逆に孤独な生涯が見えてくるようでした。そういった表現の仕方に共感し、素晴らしいと思います。貴重な作品を残していただき、感謝しています。

（『沖縄のハルモニ』への朴裕河さんからのメッセージ」より）

山谷監督とぺさんとの大きな信頼関係があったからこそ可能な、貴重な映像である。自然体のぺさんがそこにいた。"Life is beautiful !"（人の生活、生き方、人生は彩りがあって、それぞれすてきだ）と私は心から感じた。

パク・ユハさんが一貫して述べているのは、私たち一人一人が歴史とどう向き合うのか、である。生身の人間として、どうしても居心地の悪いこと、不愉快なことには向き合いたくない。避けたいと思う。しかし、パクさんは、自分の問題意識に誠実に向き合って、取り上げられなかった声なき声を拾い上げ、形にし、私たちに見えるようにした。それが『帝国の慰安婦』だと思う。

2)『イエルサレムのアイヒマン―悪の陳腐さについての報告』大久保和郎訳　みすず書房（新版二〇一七、原著は一九六三）

3) これは多分もともとは韓国語だと思われるので、そのままにした。当事者は一人一人違うので、その一人一人の話をパク先生は向き合って話を聞いてまとめ、その証言を本に書いたということ。

4) 日本国と大韓民国との間の基本関係に関する条約。

5) ムンジェイン政権になり、可能となった。

6) その方は、朝鮮人慰安婦に関しても慰安婦問題に関しても、日本に対しても、支援団体やほかの元慰安婦の方たちとはかなり異なる考え方をしていました。そしてそのために、最期まで孤独な思いをしていました。わたしに胸のうちを開いてみせたのは、その孤独ゆえのことだったのでしょう。（中略）残されたわたしたちは、その思い──「日本を許したい」「許したら日本もどうにかするのではないか」と話し、日本を非難する言葉に与したくないと話していた──その方の遺志を一緒に引き継ぐことができるでしょうか？（『帝国の慰安婦より』）

7) 「慰安婦」問題は、「民族」の問題であるばかりか本質においては「性」の問題であり、「階級」の問題である。（中略）彼女たちを蹂躙した朝鮮人男性の子孫である韓国人にも、責任がなかろうはずはない。（『和解のために』より）

8) 「慰安婦」問題は実は「貧しい」女性らがその対象となった、「階級」の問題でもあった。

(『和解のために』より)

9) 戦地で兵士が女性をもとめる理由は、性欲のためでもあったが、と同時に死を意識していたからでもあった。(『和解のために』より)

10) 韓日がともに戦うべきは、単一の主体として思い描く「日本」や「韓国」ではなく、互いの内部に存在する戦争を熱望する暴力的な感性と、軍事武装の必要性を強調し過去の戦争に対して謝罪する必要はないと主張する戦争への欲望、そして他者を非難しながら田舎者と蔑み、他者の痛みに無知なまま恐怖をあおる言葉の側である。暴力的思考と憎悪と嫌悪を正当化することでみずからの居場所を確保しようとする、排他的な民族主義の言辞にともに抵抗できるとき、韓日間の「友情」は、はじめてその実を結ぶことだろう。(『和解のために』より)

金　鍾泰（キム・ジョンテ）

元韓国太陽インキ製造株式会社社長
1953 年、ソウル生まれ。1981 年、建国大学校日本語教育卒業、1981 年日本大使館領事部に勤務（1 年間）、1982 年、太平洋化学株式会社（AMORE PACIFIC）入社、1989 年、韓国太陽インキ製造株式会社へ転職、2015 年、韓国太陽インキ製造株式会社代表理事（社長）引退。2017 年、国立韓国放送通信大学校（KNOU:Korea National Open University）3 年に編入。

キム・ジョンテ（金 鍾泰）さんは、合唱団で歌っているので、張りのあるお声の持ち主だ。だから、インタビューの文字起こしも聞き取りやすい。また、ビジネス上、日本の習慣を熟知し、日本人のことをよく理解している。日本語が堪能で、日本人とのつきあい方にも慣れている。

最初の記憶は、韓国のつらい歴史、学生運動のことで、四・一九（四月革命）は幼稚園の頃、五・一六軍事革命は小学生の頃で、人が倒れたり、血を流していたりしたのを鮮明に覚えているという。日本語を専攻した理由に深い意味はなく、就職のためだった。当時、日本について学ぶことは、韓国社会では問題があったが、よい就職口が見つかるという現実もあった。今も韓国の若者は、日本での就職を目指しているようだが、日本の企業も、韓国語、英語、日本語を話すガッツのある優秀な人材を欲しているのだろう。

インタビューは、二〇一七年七月三一日、ソウル、ホンデ（弘大）のカフェで、日本語で行われた。

日本に関心を持ったきっかけ

——どんな学生生活をすごされましたか？

金　正直なところ、最初日本語の勉強には興味ありませんでした。韓国外国語大学に進学し、行政学を専攻した高校からの親しい友人と一緒に旅行したときのことです。彼は日本語の本を読んでいました。日本語教育専攻の私に、その本の解釈について質問してきました。彼は中国語が第二外国語で、卒業後高級公務員になり出世した男です。私は聞かれたことに答えられませんでした。これではいけないと思い、夏休みに日本語の勉強会を始めました。さらに勉強するために「日本語ダイジェスト番」というグループを作って、部長になりました。一五～二十人でスタートしたのですが、ここで勉強した者の中から、筑波大学などに留学する者もいました。授業後、皆で集まって、一生懸命勉強したので、一年後には実力がついてきました。次に「文藝春秋」を読み、解釈しました。

四年生二学期の授業が終わり、卒業前の一九八一年一二月（冬休み）から日本大使館領事部に勤務し始めました。国際結婚担当でパスポートの手続きや日本人が何か事件を起こしたとき、大使館職員と一緒に現場に行って対応しました。ここには、一年間だけ勤めました。大使館では、日本の公務員の仕事の仕方を目の当たりにしました。彼らはしっかりと仕事をこなし、雑念がなく、自分に与えられた仕事を一生懸命こなしていました。私の上司は六五歳位で、定年前でした。領事部ではあまりやることがなかったのですが、韓国の法律を日本語に翻訳していました。その姿を見て、私はとても感動を覚えました。

日本大使館領事部を辞めた後、韓国の太平洋化学株式会社に入社しました。韓国の財閥の一つであるAMORE PACIFICの会社です。一九八九年三五歳の時、韓国太陽インキ製造株式会社に転職しました。ここは、韓国（AMORE PACIFIC）と日本の資本が、五〇パーセントと五〇パーセントの会社です。ご存じのように、一九九七年に韓国の通貨危機があり、IMF（国際通貨基金）による救済がありました。これによって太陽インキは、一〇〇パーセント日本の会社になりました。太陽インキはもともと化粧品の会社でしたが、何か新しい事業をやりたいということで、インキ事業を手がけ、最初に海外に進出したのが韓国でした。このように、私の人生は、日本とのかかわりが深いのです。

――当時は日本にどのような印象を持っていましたか？

金　何も考えていなかったんですね。特に関心もなかったんです。四人兄弟（全部男）なので、親に負担をかけたくなかったですし、卒業して早く独立しなければと思い、留学など考えられなかったです。反日の感情すらなかったです。

私の関心は、会社に入って給料もらって、弟二人に援助することだけでした。これは義務ですね。給料を自分のために使おうと考えたことは、一度もなかったです。生活費も学費もかかりますから、兄として当たり前のことでした。一九八〇年代当時は、そういう時代でした。自分には娘が二人いますが、見ていると全然違いますね。昔は韓国では、結婚・出産は当たり前でしたが、今の韓国では、結婚は選択になりました。韓国は、日本を追いかけているると言えますね。

兄は一九四九年生まれで、ソウル大学に一九六八年入学し、化学を学んで教授になりました。当時の大学生は皆学生運動をしていました。韓日会談があれば、デモです。長男ですから、責任感は強いですね。兄の姿を横目で見ながら、目の前の仕事を全力でこなしていました。家を守るとか親の面倒を見るとか、昔の日本の男性と同じです。

仕事上、日本とかかわらざるを得ない状況になっていました。日本大使館に入って、少しずつ関心を持ち、太平洋化学に入ってからは、日本資生堂とのビジネスを担当するなど、日本とのビジネス上のつきあいが増えました。日本に何度も出張しました。多分一二〇回以上は行っているでしょう。一回日本に行くと、一週間から十日間位、札幌から九州まで行きました。そのため、日本のことを一般の韓国人よりはよく知っています。

仕事を辞め、二〇一七年三月からは、国立放送通信大学の三年時に編入しました。きっかけは二六年間、日系企業に勤めていたので、ビジネス日本語はＯＫですが、もっと高級な日本語を話したいと思うようになったからです。人文科学大学に日本学科があり、老若男女が学んでいました。ここでは、日本語だけではなく、現代日本経済の理解、和歌、現代小説、大衆文化論、日韓近現代史等々、非常に幅広く日本について学ぶことができます。

コーラスで日本と交流
――韓国太陽インキ退職後は、他に何か活動をされていますか？

金　趣味で、合唱団の団長をしています。二〇〇二年、カトリック男性合唱団〝ULBAU〟[1)]に入りました。この合唱団は、本来は布教が目的です。目標は三つあり、①神の賛美、②聖音楽を伝播、③メンバー同士の交流です。ミサ曲から一般の歌まで歌います。ボランティア活動として、ホームレスセンターや刑務所に慰問に行ったりします。引退した人がほとんどで、体力はなくなったが、時間の余裕があるので、出席率は高いです。

二〇〇五年に日本の男性合唱団（神奈川県洋光台、六〇名）と交流し、ＫＢＳ（韓国放送公社）で歌いました。非常によい経験でした。一緒に日本の民謡や童謡「ふるさと」や韓国の歌などを歌いました。今でも彼らと交流があります。同じ趣味、同じ感覚を持った人々の集まりで、兄弟のような雰囲気、そして言葉を超えた友情で結びつき、今でも仲間のことを思い出すと胸が熱くなります。歌うのが好きな韓国人、歌うのが好きな日本人が集まって歌った、ただそれだけのことです。それぞれバックグラウンドが違う人たち約百人が集まって、楽しんでいます。そういう気持ちで日韓について考えることが、多くなりました。

日韓関係について

——日本と関わりの深い人生を送ってこられたわけですが、今の日韓関係に対する思いを聞かせてください。

金　韓国も日本もお互いに相手を怒らせたり、刺激したりすることはやめようという思いです。例えば、少女像をつくるとか、反日デモはやめた方がいい。日本も、反韓デモや竹島の日はやめた方がいい。

感情に流されると、理性的に考えられなくなります。民間レベルで行われるならまだしも、両国政府は一貫性を守るべきだと思います。

日本の天皇による謝罪の言葉を聞いたかと思えば、それを否定するような発言が政治家からあったりし、足を引っ張っているように見えます。一体なぜ？　と思います。謝罪は本音だろうか？　韓国側からするとそう思えるのです。

政治家は、お互いに相手を刺激するようなことはやめるべきだと考えます。政治家の役割は、どんなに時間がかかっても国民を説得することしかないでしょう。チョン・ドゥファン

（全斗換）と中曽根康弘、村山談話、そして明仁天皇が「私には百済の血が流れている」と言ったことは本当によかったと思うのですが、すぐにまたそれを否定するような発言が出るというのは大変残念です。歴史的な資料が残っているのですから、きちんと調べればわかることだろうと思います。

――日本からの謝罪についてどう思われますか？

金 日本は隣の国で、そのリーダーが合意したことと違う発言が出るというのは、不安を感じます。公式的には実際に謝ったはずなのに、後から態度を変えるのはまずいと思います。どんな国にも右翼がいます。ですから、右翼が反韓発言するのは仕方ないでしょう。しかし政府は、公式的な約束を守るべきですし、一貫性のある主張をすべきです。また、慰安婦の方々がまだ生きているということも、忘れてはいけないと思います。

私の母は一九二三年生まれですから、植民地時代を知っています。当時、私の母は皇民でした。母はまだ生きています。この時代のことを生き生きと覚えているはずですが、その時代のことは何も話しません。それなりによい暮らしをしてきたからだと思います。多分家が豊かだったので、あまり被害感がなかったのかもしれません。そのため、独立運動に参加しようという意識もなかったのではないかと思います。

私は「親日派」になりたい、と思っています。日本は隣の国です。同じように隣の国であるから、親中国、親ロシアと、ファンがもっと増えたらいいと考えます。隣の国同士がいがみ合うというのは、理性的な行動ではないと思います。ですから、親日派になってよりよい道を見つけたいと思います。韓国で言ういわゆる「親日派」と同じではありません。もっと親日派になりたい、そしてよりよい道を見つけたいのです。大事なのはやはり教育ではないでしょうか。日本には「和」という言葉があります。韓国語では「ファ」と言います。似ていますね。和には大和魂があります。そういう気持ちで、隣の国に対して接するべきではないでしょうか。冷静になってほしいと思います。

これは自分のビジネスの経験から得たものです。なぜか？　それは相手を理解するようになると腹が立たなくなるからです。

日韓への提言

――どうしてそのようにお考えになったのですか？

金　相手の立場に立ったら、理解できるようになったということです。隣の国のことを好きになれば変われると信じています。

リーダーはリーダーの立場に立って考えるべきです。国のリーダーは選挙で選ばれたのなら、自分の考えと違うこともしなければならないことがある。それが政治家の立場というものだと思います。一貫性をもって、自分の国の国民を時間がかかっても説得すべきだと思います。

政府の方針がたとえ自分の考えと違っていても、国民を説得するのが政治家というものでしょう。決断すべき時は、決断し行動すべきなのです。ただし、一貫性が必要です。政治家なら、「どの国もそういう時代でした。すみませんでした」と言うべきでしょう。

少女像には意味がない。やめた方がいい。相手を刺激し、怒らせるだけだ。感情だけになったら、物事を理性的に考えられなくなる。国民から非難を受けても政府は「やめなさい」と言うべきです。どうしても少女像を建てたいのなら、公園に置けばよいのです。なぜ日本大使館の前なのか？　日本人を腹立たせるだけだと思います。

註

1)　「響いている声」という意味の造語。

安　燦一（アン・チャンイル）

元北朝鮮軍人。韓国ヨルインサイバー大学 教授、民主平和統一会常任委員。

1954 年、北朝鮮平安北道新義州生まれ。1979 年、脱北。1988 年、高麗大学政治外交学科卒業、1997 年、博士学位取得。2016 年 5 月、来日。アン・チャンイルＴＶ 안찬일 TV　[TOP SECRET] YouTube で北朝鮮に関するニュースやその解説などを配信し、約十万人がチャンネル登録をしている。

アン・チャンイル（安 燦一）さんは、一見すると、穏やかで温厚な紳士だ。目が合うと、にっこりと微笑む。しかし、元軍人と言うことで、かなり武術にも長けているようだ。身のこなしも軽い。朝鮮語は同じ言葉でも北と南では違って聞こえる。言葉がわからない私でも、イントネーションの違いがわかる。翻訳者によると、アンさんの話す言葉は硬く、日常的な言葉というよりは、官僚的な文語体で、北の知識人、軍人が使うような言い回しだそうだ。アンさんには、二回お目にかかった。元軍人の脱北者ということで、アンさんには、今でもSPがついている。SPの方は、中に入らず、雨でも、外で待機し、常にアンさんを見守っていた。YouTubeでは、アン・チャンイルTV[1)]という番組の中で、北朝鮮に関する情報を伝えたり、ニュースを解説している。

インタビューは、二〇一七年七月二八日、ソウル市内にあるコリアナホテルの会議室で、朝鮮語（質問は英語）で行われた。コーディネイトは延世大学のオ・サンヒョン（呉 相鉉）先生、録音された文字起こし、翻訳を日韓翻訳家のヤン・オクカン（梁 億寛）氏にご協力いただいた。

日本の印象

——日本に対してどのような印象をお持ちですか？

安 私は日本の文化、日本人の礼儀正しさや道徳性に尊敬心を持っています。日本は、韓国よりも文明的に進歩していることも知っています。しかし、日韓関係がうまくいかないのは、過去の遺恨にとりつかれ、縛られているからです。過去に起こった問題をなんだかんだ言って、気にするとうまくいくはずがありません。

――日本にいらしたことはありますか？

安　二〇一六年五月に行きました。初めて、東京のホテルに泊まって、日本の食事を食べて、よい時間を過ごしました。日本に行った目的は、韓日情報交換のためです。日本と北朝鮮の対話のためではなく、北朝鮮の人権問題についての話をしたこと、そして韓国と日本の情報を交換するためです。日本の専門家たちと話をしました。例えば、キム・ジョンウン（金正恩）の母親であるコ・ヨンヒ（高英姫）の話などです。いろいろな成果がありました。

一九七九年、脱北

――脱北するまで北朝鮮の教育を受けていたと思いますが、どんな生活でしたか？

安　私は北朝鮮で生まれ、北朝鮮で育ちました。ですから北の教育を受けました。北の暮らしは、もちろんキム・イルソン（金日成）やキム・ジョンイル（金正日）に忠誠を誓うことです。

英雄になるためには、どうしたらよいか？　勲章をもらいたい。それればかり考えていました。しかし、脱北後、北から離れてみると、自分のそういった考え方は、愚かだったと気づきました。私は南で学校に行って、学びました。家庭を持ちました。そして、教えるという機会も得ました。南に来て、大切だと思ったのは自由、そして民主的な社会です。

――北朝鮮を捨てて脱北しようと思った動機は何ですか？

安　北朝鮮を悪いと思ったということよりも、韓国からの放送やビラによって韓国の良いところを知ったからです。[2)]

――脱北し、韓国にいらして、個人的にどのような思いで暮らしていらっしゃいますか？

安　私は北が故郷です。ですから私は、朝鮮半島の統一のために働いています。私が統一にどう貢献できるか？　日々それればかり考えながら生きています。いつか必ず北朝鮮に帰ります。帰らないといけません。しかし、私が帰る北朝鮮は、民主化した北朝鮮でなければなりません。そういう信念をもって生きています。私は「統一人間」です。

北朝鮮・韓国・日本

――北朝鮮の状況をどのように見ていらっしゃいますか？

安　ご存知のように、北朝鮮は世界各国から経済制裁を受け、経済的に苦しい状況にあります。このような下で、国を運営していくのは大変難しいです。キム・ジョンウン（金正恩）は、北朝鮮を自力甦生の道を開こうとしています。つまり外に頼らず、依存せず、自らの力によって、生きていこうということです。北朝鮮の軍事力をもっと強化し、経済を発展させて力をつけるという、軍事力も経済力も一緒に成長させるような並進政策を推し進めています。

北朝鮮は、米国との関係は難しい。南北朝鮮の関係はうまくいっていない。日本は、政治的にも経済的にも安定しています。そして、北朝鮮との関係を何とかしようとしています。もちろん拉致などの問題があります。日本政府は藤本健二氏と接触して、北朝鮮との関係を作ろうとしています。藤本健二氏は北朝鮮最高指導者である故キム・ジョンイルの専属料理人で、キム・ジョンウンとも面識があるからです。

北朝鮮には、核ミサイルであるＩＣＢＭ（intercontinental ballistic missile：大陸間弾道ミサイル）問題があります。韓国と日本の立場が完全に一致するとは思われません。韓国のムン・ジェイン（文在寅）政権は、北朝鮮との交流を図ろうとしています。日本は米国と手を組み、北朝鮮を圧迫しようと思っています。この問題に対してどう調和をとればよいか？　北朝鮮との話し合いに注力するのではなく、日本が米国と共に北朝鮮を圧迫するのではなく、これら二つを調和させれば、北朝鮮に関してアンバランスにならなくてよいと思います。

――日本が韓国や北朝鮮と友好関係を築くにあたって、一番大切なことは何ですか？

安 日本と朝鮮との間には過去において、帝国軍慰安婦、徴用工等の問題があります。教科書的な答えになりますが、過去に縛られることから抜け出さなければならない。過去に執着せず、未来に向けて考えるべきです。過去に執着することは、私はよくないと思います。韓国は、過去の歴史問題へのこだわりから脱却すべきで、同じように日本もやはり過去から出て、お互いに未来に向かって歩んでいくべきだと考えます。日本が過去へのこだわりから脱すべきというのは、具体的には独島を我がものというのが問題です。「竹島が日本の領土だ」といったことを強く主張すべきではないと思います。結局、竹島は実効支配している韓国に譲歩すべきではないでしょうか。過去の歴史問題に執着せず、未来に向かって、換骨奪胎《かんこつだったい》[3)]しないといけません。骨を換えて、抜け出ていかなければならないということです。

北朝鮮の若者

――北朝鮮の若者について教えてください。

安 北朝鮮の若者は、抗日闘争のパルチザン（ゲリラ）として、ペクトゥサン（白頭山）[4)]の精神で、攻撃精神、革命精神を持って、どうすれば日本を乗り越えられるか教育されています。しかし日常生活では、日本製品、例えばボールペン、カセット、オートバイなどは世界で一番いいものだということを知っています。こういう二律背反的な現状から抜け出て、日本と自由に行き来できれば望ましいと思っています。

――どうすれば南と北が統一できるとお考えですか？

安　手っ取り早い方法は、キム・ジョンウンが消えること、つまり、亡くなることです。でもそれは不可能だから、何があってもとにかく協力し合って、対話を続けることだと思います。北朝鮮が民主的な国家になったら、いつか私は故郷に帰ります。いつか必ず北へ帰ります。北に帰らないといけません。北にいる家族にも会えるでしょう。しかしそうでなければ、帰らないつもりです。いつか平和な世界になって、南と北、朝鮮半島が一つになったら、是非北にいらしてください。櫻井さんが北朝鮮に行くときは、私が案内しましょう。

――日本と韓国そして北朝鮮の若者にメッセージをお願いします。

安　私が若者に伝えたいことは、一つです。これからの東北アジアの平和のために、協力してほしいということです。日本の若者、韓国の若者、北朝鮮の若者は皆、第二次世界大戦や朝鮮戦争の後に生まれました。そういう戦争とは関係のない世代です。南北朝鮮、日本の若者は、過去のことから脱却して、東北アジアを調和のとれた世界にしてほしい。そのためには、朝鮮半島の南北統一がなければ、不可能です。ですから三国の若者は、朝鮮半島の統一と平和のためにがんばってもらいたい。

――お好きな言葉を教えてください。

安　実事求是です。実事求是とは、「事《こと》を実《じつ》にして是《ぜ》を求《もと》む」あるいは「実事《じつじ》、是《ぜ》を求《もと》む」と読み下します。「実事」は、本当のこと、実際の事実で、「求是」は、真実や誠をきわめることです。事実を実証することで、真理を追求し、物事の真相をあきらかにしていくこと。事実にもとづいてこそ、真理は求められるという意味です。

註

1) https://www.youtube.com/channel/UCoE5d_qLtr7O1zBbpfsQxtg

2) 実際に北朝鮮にまかれたビラ（ドル紙幣のお金など）を見せながら。

3) すでにあるものを作り替えて、新しいものを生み出すこと。日本では「骨抜き」のように否定的な意味で用いられる場合が多いが、韓国では肯定的に用いられる。

4) 北朝鮮、両江道と中国・吉林省との国境にある火山（標高二・七四四m）

朱　益鍾（チュ・イクジョン）

李承晩学堂教師。1960年ソウル生まれ。ソウル大学卒業、経済学博士、ハーバード大学客員研究員。

著書：『反日種族主義―日韓危機の根源―』共著　文藝春秋（2019）、『反日種族主義との闘争』共著　文藝春秋（2020）

チュ・イクジョン（朱 益鍾）先生は、高校生の時、経済は社会のあらゆる分野の基盤であると考え、経済学に強い魅力を感じるようになり、ソウル大学では経済を専攻した。チュ先生が大学生の一九七〇年代後半というのは、まさしく二十年近くに渡るパク・チョンヒ（朴 正熙）権威主義政権のただ中であった。多くの学生と同じように、軍事政権への反発から、韓国政治に強い関心を持った。そして、改革をもたらす見識を深めるため、近現代韓国史に興味を持ったという。

さらに近代以降の国民性の由来にまで関心を深め、よりよい韓国への思いを抱きながら、『反日種族主義』の見解に至ったプロセスについて語っていただいた。チュ先生の学問に対する姿勢には、気迫と気概が感じられた。明晰な頭脳で分析された研究成果は、韓国国内はもちろん、日本でも大きな反響を呼んだ。

インタビューは、二〇二〇年二月一三日、ソウル市の明洞《ミョンドン》にある李承晩学堂で、予め英語で質問を送り、英語と韓国語（通訳・翻訳は後藤信之氏）、ときおり日本語を交えながら行われた。

韓国経済史を研究しつつ歴史問題に関心を持つ

——チュ（朱）先生は、ご専門が経済学ということですが、ご著書『反日種族主義』の編著者であるイ・ヨンフン（李 栄薫）先生とはどのような出会いがあったのですか？

朱　私は経済学を専攻しましたが、その中でも経済史、特に韓国経済史を勉強しながら、歴史問題には、ずっと強い関心を持ち続けていました。

イ・ヨンフン先生とは大学院の先輩後輩の関係なんですが、私が博士学位を取得してからは、私にとっては先輩以上の、師と言っても良い程の存在です。何と言ってもよく勉強されていた方なので、私にとっては指導教授と大差ない関係でした。だから、必要なことがあれば私がお手伝いすることもある、そういった関係です。

――韓国で、歴史認識、特に日本に対する意見が大きく分かれてきますが、具体的にはいつ頃生じたことなのでしょうか？

朱　韓国内で歴史認識の問題を巡って、左派と右派の間で葛藤が生じ始めたのは二十年以上前のずいぶん昔のことなのですが、教科書に歪曲された歴史認識が本格的に現れてから、今ちょうど二十年ほどになります。

――二〇〇〇年以前は、歴史認識のズレはなかったのでしょうか？

朱　研究論文としてはすでに現れていましたが、韓国歴史研究会出身者が四十代になって、教科書を執筆するようになって、そういう人たちが教科書の記述を変更してから、二十年ほどが過ぎたということです。つまり、韓国では一九八〇年代からいわゆる民衆・民族主義左派の人たちが現れました——私とほぼ同じ世代の人たちですが。そういう人たちが八〇年代に現れた頃は、まだ若かったので、教科書を執筆するような仕事はできなかったのです。ところが、二〇〇〇年代になると、彼らも中堅学者として教科書を執筆するようになり、それが学校で、特に高校で教えられるようになったので問題になったわけです。研究は、学問と思想の自由がありますから、研究してそういう論文を書く分には何の問題もないのですが。

『代案教科書 韓国近現代史』で左派の歴史教育に対抗

——研究の次元では、右派の研究も左派の研究もそれぞれあったわけですか?

朱 右派は弱くて、つまり歴史学会は左派に掌握されていたんです。それでも、左派がそういう研究をしたり、本を出したりすることについては批判は受けても、社会問題にまではならなかったのです。しかし、中・高校の学生たちにそういうふうに教えることになりましたから、つまり、大韓民国が不当に建国された国であるかのように教えるといった、そういう事態が起こりました。そして、それ以上放置しておくことができない状況になってから、二十年が経過したわけです。

二〇〇〇年代初めに、イ・ヨンフン先生が中心になって「教科書フォーラム」というグループを立ち上げました。歴史教科書（他の科目の教科書にも問題はあるのですが）を、特に韓国近現代史科目の教科書を正していこうという趣旨で「教科書フォーラム」を立ち上げて、活動してきました。教科書を批判するんですが、ただ単に批判するのではなく、このように書くべきだということで、本を出版しました。この『代案教科書　韓国近現代史』という本ですが、ご覧ください（実物を見せてくださる）。

このグループは、イ・ヨンフン先生が中心になって活動してきましたが、私が彼の後輩なので、君も一緒にやらないかと誘われて、その活動のお手伝いをさせていただくことになり、私もその一部を担当して執筆しました。

――『代案教科書　韓国近現代史』はいつ出版されましたか？

朱　二〇〇八年です。二〇〇五年から本格的な準備作業を始めて、二〇〇八年に出版しました。

――韓国で『代案教科書　韓国近現代史』はどのような反響がありましたか？

朱　その時は、朝鮮日報、中央日報、東亜日報という三大保守新聞で大きく取り上げられました。出版を準備している時から、このような本が出版されるという企画記事を掲載してくれたりもしました。ですから、その時は、保守勢力から大きな支援を受け、新聞からの後援も受けました。新聞などが報道をしてくれれば書籍の宣伝にもなりますから、そういう意味で後援を受けたということです。しかし教科書は、国家政策に反映されなければならないものです。ところが、当時のイ・ミョンバク（李　明博）政権は保守政権だったんですが、保守政権としても「これは頭の痛い問題だ」ということで、無視されたわけです。ですから、この本は新聞報道もされて、かなり売れもしたんですが、保守政権下でさえ国家政策に反映されるまでには到りませんでした。

韓国におけるこのような状況を理解するためには、韓国の政治状況を知らなければなりません。韓国では左派と右派の分裂がひどいんですが、現在の与党である「共に民主党」のような左派は、左派の歴史学会などでの主張を党として積極的に受け入れて教科書記述に盛り込むなどしてきました。つまり、学会の要求を政策に積極的に受け入れ、国家の政策として実現してきたのです。

ところが、右派の方といえば、実際には一口に「右派」と呼ぶのも難しく、彼らは自身のアイデンティティ意識がはっきりしないところがあるんです（ハンナラ党やセヌリ党などの時代を通じて……）。

ですから、私たちは左派の歴史学会と対抗しながら、「これはどうしても国家政策にある程度は反映されなければならない」と主張したのです。国家として教科書を改編しようとすると、左派もまた声を上げることになりますから、騒動になる。そういうわけで政権にとっては頭痛の種なので、ただ無視されることになったと……。このように説明することができるでしょう。

とはいえ、当時、『代案教科書　韓国近現代史』は、新聞などで大きく取り上げられましたし、他方では放送局、左派労組が支配的なＭＢＣ（韓国文化放送）やＫＢＳ（韓国放送）など（特にＭＢＣ）で、この本に対して批判的な報道がなされたことで、マスメディアレベルでは衝突があったのですが、いずれにしても、そうしたことを通じて、この本は広く知られることになって、売れることは売れたわけです。

――ＭＢＣは左派の放送局ということになりますか？

朱　ＭＢＣは公営放送局ですが、労組が経営面を掌握して影響力を行使しているため、この本（『代案教科書　韓国近現代史』）が出た当時もかなり攻撃してきました。労働者が経営する放送局という意味で「労営放送」という言い方をするのですが、その当時ＫＢＳは「労営放送」というほどではなかったんですが、ＭＢＣはすでに「労営放送」でした。今ではＫＢＳも「労営放送」と呼んでもいいと思います。

――『代案教科書　韓国近現代史』は日本語に翻訳されていますか？

朱　翻訳されていません。イ・ヨンフン先生の本は翻訳されているんですが、この本は翻訳されていません。翻訳するという話もなかったと思います。

――イ・ヨンフン先生の著作で日本語に翻訳されている本は何ですか？

朱　二〇〇七年にイ・ヨンフン先生が出された『大韓民国の物語』[1)]は日本語に翻訳されています。こちらのもっと厚い本は『大韓民国の歴史』という本ですが、これは日本語に翻訳されてなかったと思います。それから、こちらの二巻本が『解放前後史の再認識』という本で、イ・ヨンフン先生が代表著者の共著ですが、これが左派に対抗して書かれた最初の著作です。

なぜこのようなタイトルになったかというと、左派の側で八〇年代から七巻ほどにわたってさまざまな著者によって執筆された『解放前後史の認識』という本があって、その本が韓国現代史の認識に支配的な役割を果たしていたんですが、それを批判する意味で、『解放前後史の再認識』というタイトルを付けたわけです。

これは二〇〇六年に出たんですが、この本を一般の人向けに話し言葉で整理・要約し直したのがこの『大韓民国の物語』という本です。それで、この『大韓民国の物語』が二〇〇七年に出たんですが、その頃すでに教科書フォーラムの作業も同時進行していて、二〇〇八年に『代案教科書　韓国近現代史』を出しました。

ですから、私たちは二〇〇九年頃まで、二〇〇〇年代初めに、左派が新たに出した教科書に対する右派の立場からの批判的な作業を集中的に行ってきたわけで、この『代案教科書』は、そうした十年ほどに及ぶ作業の集大成になります。

しかし、先ほどお話ししたように、こうした私たちの成果も正式に教科書を改訂させるまでには至りませんでした。それからしばらくすると、パク・クネ（朴 槿恵）大統領弾劾事件が起こって、左派により右派は完全に崩壊させられました。

そういう状態でムン・ジェイン（文 在寅）政権になってから、ご存知の通り、徴用工賠償判決が出て、二〇一九年度に判決が執行される過程で、日本の新日鉄住金の韓国内の資産を差し押さえるという措置が取られました。それに対して、日本の側から協議を要請したんですが、韓国政府は、日本の要請を受け入れなかったわけです。それで、二〇一九年七月一日から日本が韓国に対して輸出規制措置を取り、ホワイトリストから韓国を除外したところ、それに対して、韓国政府が国民に対して反日を扇動するというふうに進んできて、昨年から韓日関係が非常に悪化してきたわけです。

そのような状況の中で、私たちは、そのしばらく前からずっと韓日関係について扱わなければならないと考えていたのですが、偶然にも昨年、韓日関係が悪化しつつある時期に、それまで準備してきたものを『反日種族主義』という本として出版することになったわけです。

――日韓関係が最悪の状況の時（二〇一九年、夏）に、『反日種族主義』が出版されましたが、それは全く偶然だったということですか？

朱 はい。徴用工賠償判決が二〇一八年一〇月三〇日に出たんですが、私たちは必ずしもそれを念頭に置いたわけではなく、二〇一八年の秋頃から韓国の反日主義を批判する作業をしなければならないと考え、イ・スンマンＴＶ[2]というYouTubeチャンネルで講演の放送を始めたのです。そして、その講演の内容を本の形で出版することになったのが、昨年（二〇一九）の七月ですが、ちょうどその頃に日本の輸出規制措置が取られて、韓日関係が悪化することで、私たちの本が話題になったわけです。韓国における歴史認識の問題をめぐる対立やその経緯について、概略的に説明すると、このようになります。

――チュ先生は右派ということになりますか？

朱 はい。そうです（笑）。歴史的な資料に基づいて明らかにすることができた事実に立脚し、その事実をもって語る……。

――この本は日本にとって非常に有利というか、日本政府にとって好都合なことが、資料や文献に基づいて、根拠ある事実として明らかにされています。ですから、韓国の現政権にとっては、格好の餌食となる可能性があります。

朱　我が国の左派の人たちは、そういうふうに私たちを批判します。つまり、「日本に有利な話をして、日本が利用することができる話をどうしてするのか」と、我が国の左派が非難します。しかし、イ・ヨンフン先生が、「学者として調査・研究して明らかになった事実を発表しているだけである」と話されているように、どちらの側の肩を持つといった考えは全くありません。例えば、左派政権になったから我が国の左派政権を批判するために日本側に加勢しなければならない、などということはないということです。今までもっぱら歴史的な資料に基づいて明らかにすることができた事実に立脚し、その事実をもって語っているわけです。

ところが、日本の肩を持っていると決めつけて、「親日派だ」とか、「国家に反逆する輩だ」とか、「売国奴だ」とまで言って、私たちを攻撃します。そればかりでなく、左派は大衆を扇動することまでしますから、私たちのところに電話をかけてきて、「殺すぞ」とか「おまえのところに行って、火をつけるぞ」と脅したり、電話で悪態をついたりする人々が出てくるのです。正直言って、非常に恐怖を感じることもあります。私自身はそれほど危険な事態になったことはありませんが、落星台経済研究所《ナクソンデ》というもう一つの機関（『反日種族主義』の他の著者が所属する機関）があって、そこには暴漢のような人が何度かやって来たこともあります。ですから、実際に身の危険にさらされています。だからと言って、自分が調査・研究して明らかにしたことを発表できない、などということは受け入れられない、言うべきことは言わなければならない。そう思うわけです。

韓国にとって日本は敵ではなく友邦

——韓国は経済的に豊かで、非常に見えにくいけれど、朝鮮半島は休戦中です。実は言論の弾圧や統制が強いのではないか、言いたいことが言えないのではないだろうか危惧していました。まして現政権は、北朝鮮・中国寄り……。そのような状況下で、『反日種族主義』という主張をされたことに、どのような時局であれ、根拠に基づく事実を伝える研究者としての姿勢、強い志を感じました。

朱　南北間の関係、南北の対立とか北朝鮮との戦争の可能性——今でもそれはありますから、そういったことを考慮するならば、むしろ韓国は、過去の日本との問題にあまりにも執着してはいけないはずです。なぜかと言うと、韓国が北朝鮮と対立する時に、日本は韓国の友邦になるわけですから、その友好関係を害するようなことをすべきではない、つまり、しつこく過去の歴史の問題を蒸し返す、といったことをすべきではないと思います。これは私だけの考えではなく、今回共に本の著述に携わった方々もそのように考えています。

我が国の左翼は、何としてでも日本との関係を、そしてアメリカとの関係を断ち切ろうとしています。アメリカとの同盟関係を壊すのは簡単じゃありませんが、日本との関係を断ち切るのは、過去の植民地支配の歴史を持ち出して、日本をしつこく攻撃すれば難しくはないわけで、そのためのネタを見つけ出したいわけです。それが徴用工賠償の問題、そして特に慰安婦の問題であって、この二つの問題をもって、日本に対する敵対意識というか反感、反日意識、反日感情が醸成されるよう長い時間をかけて操作してきたわけで、そういう左翼の狙いがついに成功したと見ることができます。

ですから、韓日国交正常化した一九六五年の韓日請求権協定自体を揺るがして、今やほとんどガタガタにしてしまった状態で、左翼としては相当に狙いを達成したと言うことができるでしょう。

そのように左翼政権が過去史を持ち出すことで韓日関係を揺り動かし、破綻寸前まで追い込んできたんです。しかし、私たちとしては、歴史的事実に立脚してみると、慰安婦の問題とか徴用工の問題についての彼らの認識が完全に間違っている。ちょっと酷い言い方になりますが、嘘をつき、捏造、でっち上げによって、それらの問題を大きく育て上げてきたと見ています。私たちは、歴史的な資料をもとにそのように判断し、歴史の事実は彼らの言う通りではない、ということを訴えているわけです。

私たちはこの本を執筆しながら、「この本の内容は日本人が歓迎するものだろう、日本政府に喜ばれるものだろう」ということは、もちろんわかってはいましたけれど、もともと日本人に読んでほしいと思って書いたわけではなく、「韓国人に自己省察というか反省をしてほしい」という趣旨で書いた本です。あくまでも韓国人を対象に、韓国人に向けて語っている内容だということです。

——教育の重要性ということでしょうか？　韓国の人々の意識を変えるためには教育が大事であると考え、この本をお書きになったのですか？

朱　そうです。なぜかと言うと、何と言っても歴史認識が韓国人のアイデンティティにおいて大変重要な要素ですが、その歴史認識はほぼ中・高とか大学の教室の中で作られるからです。しかも、その教室は左派によって牛耳られているのです。

——韓国の教育界、教師は、左派の方が多いんでしょうか？

朱　左派の核心勢力として全教組、全国教職員労働組合というものがあります。

――日本の日教組に相当するものですか？

朱　はい。それで、全教組の教員が教員全体の七～八パーセントほどを占めると思います。人数的にはそれほど多いとは言えませんが、全教組の教員たちが固く団結しているのに対して、全教組に属さないその他の教員たちはバラバラに分散している状態なので、全教組の教員たちの影響力が強いわけです。また、全教組の教員は歴史教育分野に多いんです。

――チュ先生ご自身も、そういう教育を受けてこられたのでしょうか？

朱　いいえ。私の時代には反日教育がそれほど強くはありませんでした。私は六〇年生まれで、中学校が一九七二年からなので、一九七〇年代に中学校と高校に通っていました。大学に行ったら自分の専攻の勉強をしますから、特にそういう影響は受けないじゃないですか。私の中学、高校時代はパク・チョンヒ（朴 正熙）政権の時代で、その当時にも民族主義教育をしてはいましたが、民族のアイデンティティについて教える程度で、日本を敵対視するような教育ではありませんでした。

韓国の歴史教科書の歴史

――七〇年代の学生時代には、反日的な歴史教育がなかったということですか？

朱　それ以前の教科書、つまり一九五〇年代、イ・スンマン（李 承晩）政権時代の教科書も見たことがあります。その当時は朝鮮戦争もあったし、歴史を勉強したり研究したりする人も多くなかったでしょうから、そういうことも影響していたとは思いますが、日本の植民地時代について独立運動をしたといった話は少しありましたけど、日本から経済的に収奪されたといった記述はありませんでした。

――韓国の歴史教科書は実は日本人によって作られたと聞いたことがあります。植民地時代に日本人によって作られた教科書をそのまま使っていたということでしょうか？

朱　いいえ、そうじゃありません。もちろん当時の代表的な学者たちは、日帝時代に勉強した人たちだったでしょう。植民地時代に総督府が作った朝鮮史編修会という研究団体がありました。今の国史編纂委員会のような団体です。その朝鮮史編修会には、日本人学者も朝鮮人学者もいたんですが、解放後その団体から日本人学者が去って、そこに残った韓国人の学者たちが韓国史を書くことになったんです。後の時代になって、その韓国人の学者たちは日帝時代に教育を受けた人たちだから、植民史観を持っている人たちだと批判されもするのです。だからといって、彼らの執筆した五〇～六〇年代の教科書が、植民史観とか親日史観の教科書だというふうに見ることはできません。

要するに、研究ができない状態だったから、日本による植民地時代の収奪や搾取について詳しく書くことができなかったという面もあったかもしれませんが、その当時は、反日意識、反日思想、反日感情を注入しなければならないといった目的意識を持って歴史を研究したり、本を書いたりはしなかったということです。

七〇年代、特に八〇年代から九〇年代にかけて、「日本がどのように韓国から収奪したか」、「どれほど大量に収奪したか」、「どれほど激しく抑圧したか」、「どのように朝鮮人を差別したか」――そういうことを明らかにしようとする研究が盛んになりました。そのようにして反日的な歴史、コンテンツが大量に作られたと言うことができます。

その結果、日本の植民地支配によって直接的に被害を受けた人々が生きていたのは、一九五〇年代、六〇年代、七〇年代なんですが、そういう時代よりも日本の植民地支配を経験してさえいなくて、その被害を直接的に受けたわけでもない今の世代の方が、むしろはるかに強い反日意識を持つようになっているわけです。

――植民地時代から時間が経ってから反日意識が高まったのはどうしてでしょうか？

朱　左派が韓国を転覆させようという意図と関係があると思います。つまり、イ・スンマン大統領が共産化を防いで、日本やアメリカと連携する自由民主主義の価値を共有する国になり、その後もパク・チョンヒ政府とチョン・ドゥファン（全斗煥）政府が、八七年まで日本やアメリカと緊密に協力しながら韓国を経済的に発展させてきました。

しかしその間も、そういう体制を転覆させなければならないという左派の動きは、中断することなくずっと続いてきました。そして、彼らは現実を否定し、批判する手段として、次のような論理を主張するわけです。

我が国は日本から多くのものを収奪されて被害をこうむった国なのに、解放後にも日本やアメリカと連携する体制が続いてしまった。ここでは革命が起こらずに。北朝鮮は革命を起こしたが、韓国では革命を起こせずに、日本やアメリカと協力関係または同盟関係を結ぶ体制が続いてしまった。そのために韓国の民衆は、日帝時代に引き続いて、相変わらず被害を受け続けているのだ。

左派は過去の歴史から問題を持ち出してくる
――朝鮮半島が南北に分断されたことが最も大きな原因なのでしょうか？

朱　韓国は、チョン・ドゥファン（全斗煥）政権までは基本的に北朝鮮とは敵対関係にあって、アメリカと日本とは協力関係にあったんですが、左派の考えは完全に北朝鮮に追従するか、追従はしないとしても北朝鮮とは協力しなければならないという立場なので、いずれにしても日本やアメリカを敵対視しなければならない。そして、そういう敵対関係を作り上げるために、過去の植民地時代の問題を持ち出して攻撃しなければならない、というふうに考えているのではないかと思います。

韓国の左派にも、二種類あります。つまり、北朝鮮に完全に追従し、北朝鮮からの指令に従って行動する従北朝鮮勢力がある。また一方で、北朝鮮からもう少し距離を置く勢力があるんです。しかし、この人たちも北朝鮮とは協力しなければならないと考えるので、「親北朝鮮」という点では同じなんです。この人たちの立場でも、北朝鮮とはもっと近い関係にならなければならず、アメリカや日本との関係は切らなければならないという意識を持っていて、過去史の問題をしつこく持ち出すわけです。

ですから、現在の韓日関係に大きな問題があるというわけではありません。左派も現在の韓日関係において日本が韓国に対して不当な外交をしているとか、貿易関係において韓国に不当な被害を及ぼしている、といったことを問題視しているわけではなくて、現在の韓日関係ではなくて、過去の韓日関係から問題を持ち出して、それについて「なぜ日本は反省や謝罪をしないのか」と訴えることによって、現在の問題を作り出そうとしているわけです。

よって、問題は韓国の側にあります。どういうことかと言うと、そのように左派が大衆を扇動することはありうることで、あってもいいのですが、問題は、韓国の多くの大衆がそれに賛同して疑問を感じない、ということなのです。過去の問題を蒸し返して日本を批判することに賛同し、そのような扇動をおかしいと思う人がいないことこそが問題なのです。

――チュ先生は、『反日種族主義』の出版によって、また李承晩学堂での研究を通じて、韓国の人々の意識を変えたいと思っているのでしょうか?

朱 はい、そうです。一般の人々は、歴史問題について細々とした詳しいことまで知っているわけではありません。例えば吉田清治の証言についてのご質問がありましたが[3]、「日本の軍人や警察が井戸端で水を汲んでいた私たちの姉妹や娘たちに襲いかかり、捕まえて連れていった」という断片的な話を聞いて、ただそれを事実と信じ込んで、日本に対して敵対感情を抱いているのです。大衆は、吉田清治の本を実際に自分で読んだわけではなく、吉田清治の話をもとに我が国の左派運動家たちが創作した話を植えつけられて、信じ込んでしまっているわけです。

ですから、私たちも大衆の認識を変えなければならないと思うんですが、無数の事実を一つ一つすべて説明することで彼ら大衆の考えを変えることはできなくて、いくつかの印象的な場面を取り上げることによって、人々の認識を変えようとしているのです。ですから、この本（『反日種族主義』）でも、そういった話が紹介されています。

例えば、昔、土地調査事業というものがあって、挿絵もありますが、土地調査事業に抗議する農民をその場で直ちに撃ち殺した、といった場面が描かれた小説が百万部も売れたりしたんですが、そういう話が完全に捏造された話だということを指摘しているわけです。

そのような場面（その小説にこの挿絵が入っているわけではなくて、小説に描かれている場面を私たちが挿絵にしたものなんですが……）も一つの例にすぎませんが、大衆はこのようないくつかの場面によって日本に対する認識を持っているので、このような印象的ないくつかの場面についてそれが間違っている、捏造された話だと指摘することによって、大衆の認識を正していこうとしているわけです。

――チュ先生は、韓国の人々の意識改革をしようとなさっていますが、その根源的な問題意識というのはどのようなものでしょうか？　日本も同様ですが、それ以上に韓国は超格差社会、超学歴社会で、子どもたちは夜遅くまで塾通いをしなければならず、そういった状況の中で、なかなか自分の頭で考えることができなくなっているのではないか、と危惧してしまいます。

朱　それは大きな影響はないと思います。なぜかと言うと、今の学生たちほど勉強しなかったにしても、私の世代でも同じだったと思うんですが、大学に入るために決められた内容について一生懸命勉強しても、大学に入って新しい話や知識に接すれば、すぐに考えが変わったりもするわけですから……。

北朝鮮や中国のように完全に思想統制、洗脳して、別なふうに考えることができないように、また他の考えや意見を言うと直ちに捕まって処罰されたりしたら、考えを変えることができないでしょう。

ところが今、韓国の左翼政権党は、歴史否定罪と言って、つまり、例えば私たちのこの本のように、標準的な歴史認識とは異なる話をした場合に、刑法によって処罰できるようにしよう、と議論しています。

ですから、実際に、韓国も、北朝鮮や中国と同じようになる可能性がないわけではありません。そのようになる可能性はあります。しかし、まだそういう事態にまでは至っていませんから、私たちは引き続きこういう本を出したり、話をしたりすることによって、大衆が自分の頭で考え、それが周りの人々にも広がっていくことを期待しております。

個人の自由が重要

――チュ先生はハーバード大学で研究されたので、米国の民主主義を体感されたと思います。どのように感じましたか？

朱　一年間アメリカにいただけでは、アメリカの民主主義についてはよくわかりません。

――チュ先生の経済学上の見解は、ケインズ、ハイエク、あるいはフリードマン、どういったお立場でしょうか？

朱　それについてははっきりした考えはありません（笑）。ただ、私も考えが変わり進化していきます。それで、個人が重要で、個人の自由が重要で、個人がその自由を行使し、その自由に伴う自分の責任を果たすこと、そして自分の問題は自分で解決しようとする意志を持つことが大事だと思います。

左派は今、個人を殺して、集団に束ねて、集団に所属し、集団に服従する人々として社会を作ろうとしているわけです。

——韓国の左派の人々は今の北朝鮮の社会を良いと思っているのでしょうか？

朱　北朝鮮の現在の状態がいいと思ってはいないようです。例えば、経済状態など……。

——韓国の左派は、今の韓国の経済状態を維持することができさえすれば、社会制度などを北朝鮮式に変えるのがいいと思っているのでしょうか？

朱　ええ。左派はそのように考えているのでしょう。しかし、北朝鮮のように体制が変わると、市場経済体制が崩壊して、これまでの成果も同時に崩壊するでしょう。韓国の（一人当たり）国民所得が今三万ドルほどになったんですが、体制が変わった場合にそれを維持できないということを、彼らはよくわかってはいないようです。

ただ左派の人々にも、二つ三つのタイプがあるんじゃないかと思います。まず、チョ・グク（曺国）前法相や青瓦台の報道官だったキム・ウィギョム（金宜謙）のように、現体制を利用して自分の財産を増やすことに非常に熱心な人たちがいます。自分の財産をどんどん増やしているこのような人たちが、本当に赤化、共産化しようなんて考えを持っているのか疑問です。私としては、彼らにそんな考えはないんじゃないかと思います。他方には、集団主義をよしとし、それを宣伝することで自分の利益を得ようとする人たちが、左派の中にいます。また、その他に、本当に韓国を北朝鮮のように変えようとする人たちもいます。

――中国を見てもソ連・ロシアを見ても、社会主義体制が破綻しているということは共通の認識ではないでしょうか。今の中国もロシアも、経済的に見るといわゆる社会主義とは言えません。ロシアも中国も北朝鮮も、共産主義を目指しているわけではなく、ただの権力闘争にしか見えないのです。

朱　中国やロシアには、市場経済の企業が多数生まれましたね。ほとんどの企業は市場経済に従って、例えば日本のトヨタやソニーのような企業と競争する、中国について言えばシャオミ[4)]などの企業が生まれました。そういう企業は、経済体制として純粋によくできた市場経済とは言えなくても、つまり欠陥も多いでしょうし、政府が統制するということもあるでしょうが、それでも基本的に市場経済に従って経営されている企業だと言えます。

しかし、北朝鮮は違います。そういう企業がないじゃないですか。それで、我が国の左派は、北朝鮮と全く同じ経済体制を考えているというわけではないんですが、韓国の企業自体を国家が統制しようとしているのかもしれません。財閥がありますが、財閥の経営権を奪って、オーナーを追い出して経営に関与できない様にして、事実上の国営企業のように運営しようという、そういう構想というか計画があるようです。そして、必要に応じて、そういう企業が北朝鮮に投資するようになるとか、または、勤労者や協力企業への待遇をよくさせるとか、そのように大企業の運営方式を変えようとしているところではないでしょうか。

——現ムン・ジェイン政権は左派ですね。

朱 はい。私たち、右派の人たちの中には、ムン・ジェインは北朝鮮が送り込んだスパイと大差ないと言う人もいるほどです。

——この本に対する反論は出ていますか?

朱 主流の歴史学会というか、例えば国内主要大学の歴史学科の教授たちから成る団体、そういうところからは、まだきちんとした反論は出てはいません。周辺的なところというか、社会運動を主な目的とする前衛的なグループ、例えば徴用工の問題を研究する人たちがいますが、彼らは学者と言えば学者なんですが、大学に属しているわけではなく社会運動団体のようなもので、また慰安婦の問題を扱う人たちの団体として挺対協という団体があるでしょう、そういう方面からの反論はいくつかありました。

そういう人たちは勉強する人たちではありますが、韓国史学会の中心的な人たちでは決してなくて、政治学などを専攻する左派の性向を持った人たちで、『反日種族主義』に対する反論として二冊出版されました。一冊は『일제종족주의』(日帝種族主義)で、もう一冊が

『반대를 논하다』(反対を論ずる)です。後者の本を書いたのは労務動員を研究する人たちで、学者ではあるのですが主要な大学で教えている人たちではなくて、労務動員について研究していたので政府機関[5)]で仕事をすることになった人たちです。こういう人たちから反論が出されて、歴史学会からは反論が出ていないのですが、最近の噂では、歴史学会でも反論を準備していると聞きました。それから、新聞などでは、社会学科などの大学教授が激しい批判、激烈な非難を書いたコラムがありました。

ただ『反日種族主義』が出てしばらくの間、そういう人たちは私たちを透明人間のように扱っていました。つまり、知らないふりをしていたんです。何故かと言うと、この本を批判するとこの本の存在を認め、この本の存在を世間に知らせる、そういう効果があるので、こういう本が出ても全くそれについて言及しないわけです。これは韓国の知識社会、知識人の問題で、具体的には大学教授と言論メディア(新聞や放送局など)に関わる人たちの問題ですが、こういう本が出版されても、初めはいかなる言及もしようとしないんです。ところが、この本は徐々にかなり売れるようになりました。そして、ある程度売れてから言及し始めるわけです。

『反日種族主義』は二〇一九年七月一日に出たんですが、七月中一ヵ月間、新聞や放送などの言論メディアでは全く言及されませんでした。普通は新しい学説が出ると、実際には出る前から著者に取材しておくなどして、本が出ると同時に言論メディアが報道するというのが普通です。

――『反日種族主義』を出した出版社はどこですか？

朱 ミレ（未来）社といって、有名な出版社ではありません。このように社会的に重要なテーマを扱ったような本を出版している出版社ではありません。

この本が出てから一ヵ月の間、右派のいろいろなYouTubeチャンネルにイ・ヨンフン先生が出演して本の宣伝をしました。私たちのYouTubeチャンネルもあるんですが、あまり見てもらえないのでそうしました。すると七月末まで一ヵ月の間に二万五千部ほど売れました。それだけでも相当に売れたわけで、ベストセラーになったんです。

そうなって初めて左派の人たちが我慢できなくなったのか、韓国日報という新聞の小さなコラムで批判をしました。韓国日報は左派の人たちもよく論説を書く新聞ですが、そこでこの本について批判・非難をしました。

八月の始めに、チョ・グクがフェイスブックでそれを取り上げ、「民族に対する反逆者どもによる吐き気のする本だ」と書き込みました。すると、チョ・グクがそういう書き込みをしたので、言論メディア、新聞などが一斉にそれを取り上げて報道することになって、むしろ本もさらによく売れるようになったのです。その時から、いろいろな本格的な批判的言論報道が溢れるように出てきました。

――一ヵ月に二万五千部も売れたということは、すごく売れたのですね。

朱　はい。すごく売れたわけです。今、それでなくても本が売れなくて、読まれもしない時代なのに、二万五千部というのは大変売れたことになります。ただそれは七月の話であって、八月には一ヵ月間に八万部売れました。しかし、その後パタッと売れ行きが落ちました（笑）。なぜかと言うと、この本はしばらくの間話題になっていて、総合ベストセラーで一位にもなったんです。というのも、七月から八月中ごろまでは韓日関係が新聞記事やテレビニュースの主題だったんです。

ところが、チョ・グクが法務部長官になってもいいのかどうかを巡って聴聞会が開かれてからは、新聞の紙面やテレビ放送のニュースの主要な話題が、チョ・グクの方に急に移ってしまいました。その時から韓日関係の問題も新聞記事やニュースの主題にならなくなりました（笑）。

――『反日種族主義』が出た後に、韓国の高校生が歴史教育に関連して、確か現在の安倍政権を批判する言動を強要されたことに関して、学校や教師を相手に訴訟を起こしたというニュースを見ました。

朱　はい。インホン（仁憲）高校という学校です。教師のそのような指示に従わなければ、叱りつけられるといったことだと思います。それだけでも、学生たちにとっては大変な懲罰であって、それに対して、学生たちが抗議したわけです。特に全教組の教員が、そのように強要したということです。

――若い人の中にもそういう人が出てきた、つまり、自分たちが学校できちんとした歴史教科書で正しい知識を学ぶことができなかったという声が、若い人たちの中から出てきたということでしょうか？　それとも、今までは思っていても声に出せなかったということなのでしょうか？

朱　はい。私たちとしてはそういう声を出すきっかけを、素材を投げ掛けたということです。『反日種族主義』のような本が出たことで、「私もこの本に書かれていることが本当だと思う」と考える人たちが出てくるはずです。この本を読んで考えが変わる人たちは大部分、もともと左派の歴史教育に疑問を感じていた人たちで、そういう人たちにこの本を投げ掛けると、この本に書かれていることが正しいと思い、自分の考えもはっきりして、自分の考えを話すことができるようになるでしょう。私もYouTubeを見ていて（日本語も使っていて、日本語がよくわからない私には正確に理解できないところもありましたが）、韓国内でもYouTubeを通じて、反日主義を批判する若者もかなりいることがわかります。

――韓国内でも変わろうという雰囲気があるということですか？

朱　はい。それが、状況が変化した点です。イ・ヨンフン先生が慰安婦の団体、ナヌムの家に行って謝罪したのが二〇〇四年でした。その時、イ・ヨンフン先生は、自分の発言が正しいと強く主張したわけではないのに、あまりにも激しく攻撃されるので、「私の言い方が間違っていた」と謝罪したわけです。

その当時は、皆さんに受け取られたような話が私の真意ではなかった」と謝罪したわけです。

その当時は、イ・ヨンフン先生に加勢する勢力どころか、同情するような人さえ全くいなかったんです。当時は、イ・ヨンフン先生と、私を含めて共に研究している数人だけが、イ・ヨンフン先生の発言は正しいと思っていたのです。

その頃の状況から大きく変わったところは、私たちの主張を受容してくれる人々（知識層ではなく一般大衆ですが）がかなり出てきたということです。表立ってこの本を貶《けな》し、非難するのは、主に社会学科などの系統の人たちであって、そういう人たちの中に、積極的に私たちを応援してくれる人々はいませんでした。他方で、一般大衆の間では、ネット上の記事などへの書き込みで、「これが正しい歴史だ。その通りだ」などと応援してくれる人が相当に増えました——もちろん批判的な書き込みもありますが……。そういうところが、当時から大きく変わった点だと思います。

日本での記者会見

——どんな質問が出ましたか？

私が覚えているのは、ある左派の日本人記者に言われたことですが、「日本の植民地支配自体が不法なものではなかったのか？　そして、植民地支配自体が不法なものであったとしたら、慰安婦や労務者を連れて行ったことも当然不法なものになるんじゃないのか」という質問でした。そのように、左派の見方や立場を主張するだけのものでした。そういう主張の仕方は、有益な対話を生み出すものではないのです。一方的に、彼らの側で不法だと見ているだけで、私たちとしては、植民地支配が合法だったというよりも、合法か不法かを云々する問題ではないという立場なので、話が噛み合わないのです。

——当時、ヨーロッパなど帝国主義の国々にはどの国にも植民地がありました。

朱　はい。私たちは、植民地支配を合法的だとしてその正当性を付与するといった考えを持っているわけではなくて、合法か不法かを問いただせるような問題ではない、と考えています。ですから、植民地支配が合法か不法かという問題は、植民地支配が終わってからずっと後になって過去に遡及して論じていることであって、そういう議論自体に、意味はないと思います。

植民地化される方式にもいろいろあるのですが、日本が朝鮮を植民地にする時は大きな暴力を行使したわけではないんです。王のスンジョン（純宗）が署名をして、それを受け入れて、イワン（李王）と呼ばれながら、十数年の間普通に生活していました。ですから、イワンとして一定の地位にとどまりながら、特に不満を表明することもなく十数年の間生きて、亡くなったんです。亡国の前には、専制君主国家で、この人が主権者でした。そういう国家の主権者だったスンジョンが主権を委譲する、譲り渡すことにしたのだから、当時としては合法的だった、と考えるのが妥当だと思います。ですから、合法か不法かを議論する余地のない問題だと思うわけです。

欲望の朝鮮人

——この本でいろいろ具体的に明らかにされていることがあるのですが、まだまだ明らかにできる部分はあるのでしょうか?

朱　私、個人的には……韓日間で争点になっているのは、日帝末期の第二次世界大戦中に日本が韓国人をどのように扱ったのか、動員してどのような被害を負わせたのか、という問題です。それが強制動員、つまり、強制労務動員とか、慰安婦強制動員、性奴隷などと言われているんですが、その歴史的、具体的な事実に関して、この本では概観的にしか記述していないんです。慰安婦についでは詳しく書きましたが、労務動員については詳しく記述できていないんです。それで、日帝末期に韓国人が経験したことについて、準備している本があります。

例えば、こういうことです。日帝末期に、日本は韓国人を軍人としても動員しなければなりませんから、教育を拡充したんですが、その結果、一九三〇年代半ばから四〇年代初めにかけて、就学率が急激に高まりました。小学校、中学校から大学まで就学率が大きく伸びたんです。さきほど現代の学歴社会についてお話しされましたが、その当時は学校に行ってこそ、大日本帝国の体制の中で自分がうまく生きていけると皆が考えていたため、多くの人々が学校に行くようになりました。

また、日本が満州国を作ってから中国を侵略しましたが、朝鮮人たちも大勢それに加わりました。彼らは中国に行くと、日本人よりは下でしたが、中国人よりは上だったので、そういう地位を利用して生きていたんですが、後に戦争が終わると財産をすべて奪われて、追い出されたんです。ですから、大日本帝国が膨張するにつれて、積極的に機会を捉えてついて行く、そういう姿ですとか……。

それから、日本に労働者として行った場合も、我が国の左派の人たちは、一律に朝鮮人たちが行くのを拒んだのに強制的に引っ張っていかれて、炭鉱や工場に放り込まれたという、一つの単純化されたイメージだけを強調します。しかし、当時の朝鮮人たちは、国内に働き口が多くないので、働き口が多い日本に（もちろん動員ではありますが、労務動員計画によって……）行かないかと勧誘された時に、積極的に応じて行った人もいたし、行くのを嫌がったけども引っ張っていかれた人もいました。そのようにさまざまなケースがあったということを、明らかにしたいと思うのです。

ですから、その当時生きていた朝鮮人たちを、日本の植民統治や戦時動員による被害者としてだけ見ることはできません。日本が戦争を開始したことで、そこにさまざまな新たな機会や可能性（稼げる働き口ですとか）が生まれた状況で、積極的に自分にとって有利な機会を求めて行動した。そういうある種の欲望を抱いた存在というか、まだ、本のタイトルは決めていませんが、私が考えているのは「欲望の朝鮮人」――そういった本です。つまり、彼らを被害者として一般化できない、ということです。

ベトナムの人々の態度

――私も女性です。また娘がおります。万一たった一人でも、自分の意志ではなく、強制的に連れていかれ、従軍慰安婦として働かされたとしたら、悲しくつらいことだと率直に思います。そしてこの悲しい事実を政争の具にはしてほしくないとも思います。それに対して、私たちができることは何か？　日本にできることは何か？　そのようなことを考えております。

朱　日本は植民統治について、包括的に何度か謝罪の表明をしたじゃありませんか。確かに日本が朝鮮において朝鮮人を組織的に動員したことは、間違いなくあったと思います。朝鮮総督府の政策として、労務動員計画を立てて各道から郡へ、そして面（日本における村に相当）へと割り当てが下っていく方式で、行くのを嫌がる人にも圧迫を加えて強制的に連れて行った、そういうケースもありました。しかし一方では、そういう動員を日本が提供してくれた新しい機会と捉えて、積極的に応じた人もいて、実際にはさまざまなケースがあったわけです。たとえ無理やり連れていかれた人々がいたとしても、私としては、それは七十年前の過去史であって、そういったことを整理しようと韓日協定で清算したことなので、また改めてそうした問題を提起するのは卑怯の誹《そし》りを免れないことだと思います。

かつて韓国は、ベトナム戦争に参戦しました。ベトナムに出かけて行って、ベトナムの住民たちに「韓国軍がやって来て虐殺しませんでしたか？」と訊いてまわる韓国人もいたんです。虐殺が、おそらくあったのでしょう。いや、なかったはずがありません。ベトコンと誤認してであれ、あるいは一般庶民だとわかっていながら、何となく怪しいから殺したといったようなことがあったはずです。それで、そういう証言をできるベトナム人を連れてきて韓国政府を相手取って訴訟を起こしましょう、と勧める人もいました。

それで、韓国の左派政権の、キム・デジュン（金大中）大統領だったかが、ベトナムを訪問した時、過去のことについて謝罪するというような話をしました。韓国がベトナム戦争に参戦した時に、ベトナムの一般庶民に被害を及ぼしたことについて、謝罪するというように……。すると、ベトナム側は、次のように応じました。

過去の話はしなくていいです。何故なら私たちは戦争に勝ちましたし、勝利してあなたたちを追い払ったことで十分であって、過去がどうして重要でしょうか。これからの関係こそが大切なのです。

ですから私は、ベトナムの人々の方が、韓国人よりよっぽど優れていると思います。過去に被害を被っていても、それは昔のすでに終わった話であって、私たちはこれからうまく付き合っていきましょう、というのがベトナム人たちの態度だと思います。そういうベトナム人とは対照的な今の韓国人の態度を、私たちは「反日種族主義」と呼んでいて、そういう態度がいかに恥ずべきものか、ということさえわからないのでしょう。

反日種族主義のルーツ

――反日種族主義というのは、かつての朝鮮にはなかったものだと思いますか？

朱　昔も反日的な意識は多少あったでしょう。豊臣秀吉の侵略もありました。それから、植民地時代は抑圧もされましたから日本人に対して不満ももちろんあったでしょうけど、日本が支配していたので言えない状態だったのでしょう。ですから、無かったものが生じたわけではなくて、韓国人の心性の中に反日意識がもともとありはしたんです。しかし、今現在の問題は、歴史を体系的に書き換えて、ひどく捏造していることなんです。日帝時代に関して、左派は事実ではない嘘も入れ込めながら歴史を作りあげて、それを大衆に植え付けてしまったので、種族主義の心性が生まれたと言えるでしょう。

——現代に新たに生まれた心情ということでしょうか？

朱　八〇年代以後に表に出てきた新たな心性だと言えるでしょう。それ以前には、日本の植民地支配に対する体系的な歴史認識がなかったんです。ところが、今は体系的な歴史認識が作られたおかげで、はっきりとした確信を持って日本を批判するようになりました。新聞記者も、当たり前のようにその確信を持って書き、普通の韓国人たちは誰でも持っていて、また特に記者のような人たちは慰安婦や労務動員について誇張された、あるいは変形されたさまざまな事実を知っているわけです。ですから、自分が韓日関係史について真実を知っているという確信を持って日本を批判し、攻撃することができるようになったということです。

——「反日種族主義」という概念はいつ頃生まれたんでしょうか？

朱　二〇一八年秋に、YouTubeでイ・ヨンフン先生が連続講義を始めたんですが、講義のタイトルをこのように決めて始めました。韓国人たちの間に広がっている現象、韓国人たちが持っているこの心性、メンタリティーは「民族主義」と呼べるものではなく、それよりも低次元の、歪曲されていて、拝金主義とも結びついているもので、「種族主義」と呼ぶに相応しいものだ、という意味でこのように名付けたわけです。いまだ民族の段階に到っていない原始的で、前近代的な人間集団という意味で「種族」と呼んでいるわけです。

ところで日本社会で、私たちの本はどのように受け取られているんでしょうか？

――日本社会では、二つあると思うんですが、右翼の側は「やはりそうであったか」と捉え、いわゆる進歩的な知識人たちは「右翼に利用されたくない」というのが主な反応じゃないかと思います。日本でも、よく読まれています。

朱　韓国の慰安婦運動家や徴用工賠償を支援する運動家を、多くの日本人が支援しました。ご存知ですね？　韓国人たちは、そういう日本人を良心的日本人と呼ぶんですが、実はそういう日本人たちに非常に問題があるのではないかと思われるんです。

韓国の左派は歴史を非常に単純化して、先ほどもお話ししましたが慰安婦であれば、井戸端で水を汲んでいた娘を無理やり連れて行った、といった単純化されたイメージをもって日本を攻撃するんです。そして、日本の左派知識人が、傍で彼らを支援しています。ただ日本の左派は研究する人たちですから、韓国の左派が日本政府を批判する際に援用するそういった単純化されたイメージのかなりの部分が、事実と食い違っているということをちゃんと認識しているはずなんです。そして、今こういったことが原因で、韓日関係が大変深刻な危機に直面しているのです。

それにもかかわらず、日本の左派は口を閉ざしたままです。私は、彼らについての詳しい動向は知りませんが、日本の左派は、彼らが研究し認識していることをもって韓国の左派運動家たちを批判し、咎めることもできたはずなんですよ。しかし、口を閉ざして一切声を上げようとしない。こういったところが、日本側の問題だと思われるんです。

韓国の左翼と日本の左翼は連帯しています。だからといって、私は韓国の右派として日本の右派と連帯して左翼に対抗しようと考えているわけではありません。ただ、歴史の真実、歴史的事実はどうであったのかということに対する、バランスの取れた認識を持つ日本の自由市民とでも言うか、日本の市民とは交流する必要があるんじゃないかと思います。あるいは、日本の自由市民よりも私たちの方が専門の研究者としての力量がありますから、私たちが過去史について研究したことを提示することで、それが日本国内の世論形成に寄与するとか、あるいは日本の健全な市民たちが不健全な左翼に対して批判をする助けになるとか、私たちにできることをする必要があるのではないかとも思っています。

もう一つ、私たちが日本に期待していることがあります。今、韓国が日本を非難・攻撃している状況で、昨年から「(日本製品を）買いません。(日本へ）行きません」をスローガンにして、例えば、日本のビールの輸入がほぼゼロになって、コンビニやスーパーに行っても日本のビールが全く置かれていないなど、韓国が日本に対して大変に攻撃的で敵対的な態度を取り続けています。

ここで、日本の人たちにお願いしたいのは、ちょっと待っていてほしいということです。韓国が反日に傾くので日本の方も嫌韓になると（最近では「疲韓」という、韓国と聞いただけでうんざりして考えたくもない、そういう言葉まで生まれているようですが……)、さらに状況が悪化します。しかし、韓国内でも、健全な勢力が今の異常な状況を正常化しようと努力しているので、日本はしばらく待ってみよう、という態度で臨んでほしいのです。実際に日本は我慢して待ってくれているとも思います。韓国の日本に対する攻撃に比べれば、安倍政権は韓国を強く攻撃したり批判したりはしていませんから……。ですから、さまざまなレベルで韓国の状況が変わるのを、日本は忍耐心を持って待っていてほしいのです。

『反日種族主義』六人の著者

――李承晩学堂の先生たちは、研究だけでなく活動もなさっています。例えば、日本大使館前の慰安婦像の前で何かのデモがあった時に抗議行動したと新聞で読みました。

朱　ああ(笑)。それは李承晩学堂の教師ではありません。この本の著者が六人いるんですが、その中の一人のイ・ウヨン（李宇衍）さんが、毎週水曜日に行われる水曜集会に出かけて行って抗議行動をしました。実はあの時、暴力を振るう連中がやって来て大変危なかったんです。慰安婦支援団体の挺対協は、イ・ウヨンさんが何をしようがすまいが気にすることなく、自分たちで自分たちなりの活動をしていたんですが、それとは別に左翼の過激派がやって来てイ・ウヨンさんに対して暴行を加えようとしました。イ・ウヨンさんがそういう行動を始めてから四週目頃までは毎週暴力沙汰になっていましたが、その後は左翼の過激派がやって来なかったり、現れても暴行を加えるようなことまではしなくなったりしたのが、ここ一二週間の状況です。

私たち著者六人はそれぞれ性向というか、活動する領域が違います。直接的に行動して宣伝する必要があると考えてそうする人もいて、六人のうち二人がそのように行動していま す。イ・ヨンフン先生ご自身も直接そういう行動に出ることはできませんが、イ・ウヨンさん(彼もイ・ヨンフン先生の弟子ですが)を心の中では応援してらっしゃると思います。私はそういう行動が必要ないと思っているわけではないけれど、私はここ李承晩学堂での仕事もありますから、直接そういう行動に参加することはないというように、私たち著者六人がそれぞれ活動の領域が違います。

——韓国内の状況を正常化しようと努力しているということでしたが、それが今後の一番の目標になりますでしょうか？

朱　はい。そうです。『反日種族主義』の続編が二〇二〇年四月下旬に出る予定です。原稿がほぼ完成しました。『反日種族主義との闘争』というタイトルで、二～三ヶ月後には日本語訳も出るでしょう。

註

1) 永島広紀訳『大韓民国の物語』文藝春秋（二〇〇九）
2) http://syngmanrhee.kr/
3) 櫻井からの事前の質問事項。吉田清治『私の戦争犯罪—朝鮮人強制連行—』三一書房（一九八三）
4) 小米科技、中国の家電メーカー。
5) ノ・ムヒョン（盧武鉉）政権時の強制動員真相究明委員会など。

姜 禎求（カン・ジョング）

元トングク（東国）大学校教授（社会科学大学社会学専攻）。1945年、慶尚南道チャンニョン（昌寧）生まれ 。ソウル大学社会学部卒業。デソン（大成）毛糸紡績株式会社、株式会社三和交易に勤務。ウィスコンシン大学大学院マディソン校修士・博士課程、トーマス・J・マコーミック教授に師事。2006年5月26日「国保法違反」で有罪判決を受け、大学を辞職。

著書：『좌절된 사회혁명（挫折した社会革命)』（1989)、『분단과 전쟁의 한국 현대사（分断と戦争の韓国現代史)』（1996)、『통일시대의 북한학（統一時代の北韓学)』（1996)、『한국사회의 이해와 전망（韓国社会の理解と展望)』（2000)、『민족의 생명권과 통일（民族の生命権と統一)』（2002)

カン・ジョング（姜禎求）先生は「朝鮮の良心」であると伺ったことを伝えると、ご当人は、「それは私にはわかりません。あなたが判断してください」とにっこりと微笑まれた。韓国において左翼の精神的な支柱とされるカン先生は、二〇〇一年、「万景台精神を引き継いで統一を達成しよう」、二〇〇五年「韓国戦争は統一戦争」等の発言により、国家保安法違反で逮捕・検挙された。その後、有罪判決が確定し（執行猶予）、大学を去ることとなる。カンさんは穏やかで、時に優しく、時に激しく、遠い昔を思い起こしながら語った。左翼の老翁は、今のアジアをどのように考えているのか？　また、日韓関係に何を見るのか？

インタビューは、二〇二〇年二月一五日、ソウル市内のカフェで、英語と韓国語（通訳・翻訳は後藤信之氏）を交えて行われた。

小学校に入る前、朝鮮戦争があった

姜　父は、チャンニョン（昌寧、慶尚南道）で農業をしていました。私は七人兄弟の五番目です。高校に通うため、プサンで兄と一緒に暮らしていました。

小学校に入学する前に朝鮮戦争がありました。米軍が来て、私の故郷でも戦闘が繰り広げられました。私たち家族は、避難するためにミリャン（蜜陽、慶尚南道）に行きました。町のはずれに貯水池があり、アメリカの若者たちは、人が見ている前で裸になって水浴びをしていた。「下賤な連中だ」と悪口を言われていました。町の年上のお兄さんたちから、「戦争をたくさん起こしているのは米国であって、ソ連じゃない」という話もよく聞きました。

戦争（朝鮮戦争）の後も、私の町でもその周辺でもパルチザン[1]たちが夜には山に狼煙《のろし》を上げた。昼間は捕まらないように山に逃げ込んで、夜になると町に戻ってきて、火を焚いたり、電話線を切ったり、ゲリラ活動をしていた。そして韓国の警察官たちと戦闘になった。そういうことは幼いながらも知っていて、とてもおもしろいと思ったのを覚えています。

当時、保導連盟[2]というものがありました。それは、朝鮮戦争の前に左翼活動をしていた人たち（二五万から三十万人ぐらい）に、アカの活動をしないように思想教育をしていました。保導連盟には左翼活動家だけでなく、農民など一般の市民も所属していました。[3]戦争が起こってからイ・スンマン（李 承晩）政府や軍隊がパルチザンを二十万人ぐらい殺しました。左翼思想の意味もわからず入会した保導連盟のリストに名前があったという理由だけで、罪もない無関係の人が数多く殺されました。

ウォルター・リップマンにあこがれて

――なぜ社会学を学ぼうと思ったのですか？

姜　高校生の頃、ウォルター・リップマン[4]にあこがれていました。彼は『世論』（一九二二）や『冷戦―合衆国の外交政策研究』（一九四七）等の名著を残し、「ステレオタイプ」という概念を展開した論者としても有名です。メディアと民主主義との関係を考察しました。いつかは自分も、リップマンのようなコラムニストになりたいと思っていました。

大学卒業後、商社に十年間勤め、お金を貯めて、アメリカに行きました。学生時代に知り合った妻は、ソンギュングァン（成均館）大学校で薬学（薬理学）を専攻し、勉学のため共に渡米しました。

――大学時代はいかがでしたか？

姜　大学に通っていた頃はお金がなくて、家庭教師のようなアルバイトをしながら貧乏暮らしをしていたので、学生運動のようなことにまともに参加することができませんでした。それで、いつもすまない気持ちでした。一年生の時、一九六五年ですが、「韓日協定反対デモ」がありました。その時、デモに参加して鐘路《チョンノ》五街にあるソウル大学から昔の市民会館だった光化門の手前まで来ました。私はデモの最前線にいたので、警察に捕まってしまいました。

徳寿宮のあたりから南大門警察署まで警察の高級セダンに生まれて初めて乗って、連行され、留置所に二日間拘留されました。私の人生初の経験でした（笑）。

それから三十六年経って、二〇〇一年八月一七日に、ピョンヤン（平壌）で開かれた八・一五祝典に参加して、万景台を見学した際、芳名録に、「만경대 정신 이어받아 통일 위업 이룩하자（万景台精神を引き継いで統一を達成しよう）」と書き、帰国後、国家保安法違反で逮捕された時にも、南大門警察署に連行されました。

大学一年生の時に一度だけデモに参加し、その後軍隊に行って復学してからは学生運動に参加することはありませんでした。

——軍隊に入って気持ちが変わったのですか？

姜　いいえ。

——軍隊生活はどうでしたか？

姜　早く除隊したかったです。

——軍隊生活から何か学びましたか？

姜　何もありませんでした。

アメリカ留学時代

——いつかアメリカで学びたいという強い気持ちを持ち続け、渡米を実現され、トーマス・J・マコーミック（一九三三〜）先生から学ばれましたね。

姜　ウィスコンシン大学マディソン校に入学しました。マディソンはウィスコンシン州の州都です。ウィスコンシン大学の社会学科には、教授が五十人ほどいました。マルクス主義に基づいた「階級分析と歴史的変化」という講座があり、細部専攻[5]としたわけです。

——当時の韓国では、マルクスは読めなかったと思いますが……。

姜　韓国でも、マルクスや社会主義に対して多くの関心が持たれていましたが、それらを勉強することはできませんでした。つまり、本のような形で読むことはできませんでした。ですから、直接本を読みながら学んだのは、アメリカに行ってからのことです。

——アメリカで、共産主義に目覚めたということでしょうか？

姜　そうです。私が幼い頃、朝鮮戦争直後になりますが、非常に貧しく、生活が苦しかった。一つ例を挙げると、私の故郷のチャンニョン（昌寧）で貯水池を作る工事がありました。その工事のために労働力を提供すると、小麦粉や米をくれました。ところが、私の家には下の兄が一人いただけで、他に提供できる労働力がなかった。その兄一人だけではたいした労働力にならないので、少ししか食料をもらえませんでした。人々は皆食べて生きていかなければならないのに、「労働力がない家族は飢え死にしろ」ということなのか？　そういうやり方をしないで、各家族に同じように分け与えてくれればいいのにと、幼い頃からそう思っていました。貧しく苦しい生活を経験したことで、「一緒に分け合いながら食べ、共同で生きていく」社会がいいんじゃないか、という考えが頭の中にいつもありました。

そういう経験が、共産主義や社会主義に傾倒するベースになったと思います。子どもの頃に周囲でパルチザンなどによる共産主義活動、左翼活動が頻繁にあったため、反共のような考えに流されることはありませんでした。昔は共産主義をそんなに悪いものと見ることはなく、とても広く受け入れられていた。我が国の歴史において、本来共産主義をひどく罪悪視する考えはなく、左翼やパルチザンが、我が国の歴史において非常に普遍的なものであったと、私は子どもの頃の経験から知っていました。

――日帝に反対するパルチザンなども含まれますか？

姜　うーん、それはわかりません。

――韓国の政治の方向性をどのように理解すればいいのでしょうか？　朝鮮戦争前後も、共産主義的な活動は禁じられていたのではないですか？

姜　うん。それ以後に、いや、その当時も実際にそうだったと言えるでしょうね。そういう人たちを捕まえていったりしていたわけですから。イ・スンマン（李承晩）政府、パク・チョンヒ（朴正熙）政府、チョン・ドゥファン（全斗煥）政府と、ずっとそうだったわけです。今でもそうです。

一九四六年七月に米軍政府が、ソウル市民八千人を対象に世論調査をしました。その結果は、「社会主義社会を望む」が七〇パーセント、「共産主義社会を望む」が七パーセント、「資本主義社会を望む」が一四パーセントでした。ですから、私が左翼活動を見て、我が国の歴史が反共ではないということ、その当時反共が普遍的ではなかった、ということはこのアンケート結果から見ても明らかです。

——朝鮮半島が貧しかったからという理由によるものでしょうか？

姜　そうじゃありません。その当時は、中国や日本も第二次世界大戦後に社会主義運動が非常に活発になり、普遍的なものとなり、人類社会全体が、フランスは社会主義との連合政権になって、イタリアは共産主義といったように、社会主義が第二次世界大戦以後は普遍的現象だった。世界的に……。特にアジアは、その傾向が強かった。

——世界が共産主義に向かっていたのは、時代的なものだったということでしょうか？

姜　そうです。

——アメリカに留学し、実際にマルクスを読み、共産主義に触れたと思いますが、アメリカに対する反感はあったのですか？

姜　それはあったでしょう。私の学問的な関心は、我が国の現代史にありました。私の博士論文は「米国占領下の南韓・フィリピンと北韓の比較研究」で、副題が"the US struggle against History"（歴史に対する米国のあがき）です。第二次世界大戦直後からの米国による占領期間について勉強することになりました。米国によって占領されたがために、解放以後の朝鮮社会が自ら進んで行こうとする歴史の方向が、北朝鮮では実現できたけれど、米国のせいで南朝鮮ではそれに失敗しました。重要な論点として、土地改革（または、農地改革）も南朝鮮と北朝鮮では違いました。北朝鮮では革命的土地改革が行われ、南朝鮮では改革的土地改革、フィリピンでは虚構的土地改革が行われた。

——虚構的土地改革というのはどういうことでしょうか？

姜　フィリピンでは、実際にはほとんど何もなされなかったということです。フィリピンは、一六世紀後半以来、大土地所有制度を基盤とした地主エリートによる寡頭支配が行われていた。戦後の農地改革法は地主の強力な反対により、骨抜きにされ、実質的には改革は行われなかった。フィリピンの戦後農地改革は、四回行われています。[6] なぜ南朝鮮とフィリピンでの土地改革が失敗に終わったのか？ うまくいかなかったのは、アメリカが関与したからではないか、というのが私の論点です。

——アメリカという個人主義、民主主義、資本主義経済の国で七年間生活されました。もちろんアメリカにも人種差別、経済格差等、さまざまな問題はありますが、自由や権利を重んじる社会であることは確かだと思います。そういう所にいらして、北朝鮮を支持する理由は何でしょうか？ 北朝鮮の政治体制のイメージは、偏見かもしれませんが、不自由な独裁国家だと思います。

姜 朝鮮戦争以後一九六七年から今まで、朝鮮半島に戦争の危機が、少なくとも十回ぐらいありました。二〇一七年に第六回の核実験が行われた年には、一年間ずっと戦争の危機に直面していました。その戦争の危機というのは、世界の最強国である米国と最も小さな国である北朝鮮との間の戦争の危機でした。北朝鮮としては自己の生命権、平和を確保して生命権を維持するためであって、北朝鮮の指導者としては生命権を守るために、人民たちのその他の社会経済的権利や自由や市民権などを、犠牲にするより他なかったわけです。犠牲と言うよりも、米国の殺戮に対して生命権を確保することに、最も優先的に社会のエネルギーを注入せざるを得なかったわけです。

ですから、人民の社会経済権にエネルギーを少ししか注入できないことになる。その結果、生活が非常に貧しく、米国や韓国のような自由を享受することができなくなるのです。なぜならば、米国がいつでも侵略する準備をしていて、絶え間なくスパイを潜伏させたり、演習をしたりすることによって、北朝鮮は常に緊張を強いられているからです。ここ（南朝鮮）で軍事演習をすると、北朝鮮はそれに対処しなければならず、お金のない北朝鮮は、そのことにお金を使わなければならなくなる。ですから、北朝鮮はますます貧乏にならざるを得ません。朝鮮半島では、ほとんど三日に一度は、米国による軍事演習が行われています。二〇一七年まで、三日に一度は軍事演習をしていました。世界最強の米軍と、世界で七〜八位の南朝鮮の軍隊が、北朝鮮を標的に三日に一度の軍事演習をしているのです。このような状況下での、北側の脅威とか恐怖は想像を絶するものです。ですから、あらゆるエネルギーを、米国の侵略を防ぐために向けなくてはならないのです。

——これは私の考えですが、人間が欲望を持つ存在である以上、コミュニズムは理想であって、確かに希求する意味はあっても、我々が実現するのはきわめて困難であると思うのです。現に本当の意味での共産主義国家は実在していません。命あるものはすべて皆平等な存在です。しかし社会主義国家を見ると、それが平等なのか、平和を求める国家がすることなのかと疑問に思うことがしばしばあります。中国の経済における成功を見ると、資本主義国家と何ら変わらないようにも見えます。キム・イルソン（金日成）は、「思想における主体、政治における自主、経済における自立、国防における自衛を図る」というチュチェ（主体）思想を唱えています。確かに主体自体は普遍性がある考え方でしょう。漏れ聞くところによると、北朝鮮の実情は厳しいのではないでしょうか？　現に息子へ、そして孫へと権力が継承されています。

姜　まずはソ連の社会主義と中国の社会主義を同じように見てはいけません。ソ連の社会主義は、計画経済をほぼ九〇パーセント以上追求しました。ソ連は、市場をほとんど活用しませんでした。ですから、生産力に限界があり、革新を実現できませんでした。中国の特色社会主義は基本的に、主導的な体制は社会主義ですが、市場メカニズムを中国的な社会主義を最も基礎的なものとしながらも、資本主義的な形態と市場メカニズムを結合したわけです。ですから、中国はすでにＰＰＰＧＤＰ（購買力平価［PPP］ベースのGDPの値）が二〇一五年に米国を抜いています。

——中国のそのような経済社会体制は、鄧小平以後の話ですね。

姜　そうです。ですから、社会主義を基本としながらも、そこに資本主義の方式や市場メカニズムを結合したシステムです。

——鄧小平以前の中国は、ソ連と特に違いはなかったということですね。

姜　そうですね。似たようなものでした。

——中国のトップ、権力者は世襲ではない。北朝鮮は世襲です。

姜　中国はとても大きい国です。米国が中国を侵略したり圧殺したりすることは難しい。ですから、中国は世襲のようなことをする必要がない。それに対して、北朝鮮は常に米国による脅威に晒されている。人民たちを団結させるためにキム・イルソン（金日成）という神話的存在に強く依存している。私は、北朝鮮のそういう部分について理解はするけれども、同意はできない。キム・ジョンイル（金正日）が生きていた時に、家系世襲をしたのですが、家系世襲ではなく、革命世襲をすべきだったと思います。

——キューバのように？

姜　ええ、そうです。北朝鮮にはパルチザン、つまり抗日闘争をした人が多いのです。ですから、キム・ジョンイルの次には、他の抗日パルチザン出身者の子どもたちを権力の座に据えて、そういう人たちが指導していくような体制、キューバもそれに近いのですが、そのような革命世襲をすべきだった、と私は思います。世襲がよくないということについては、私も同意します。しかし、資本主義社会で財閥はなぜ世襲しますか。それから、韓国の教会の牧師たちも、大きいところはほとんど世襲です。日本でも、有名な政治家たちもほとんど家系世襲ですね。小泉、安倍、麻生など。

——北朝鮮の経済状況の原因は何であるとお考えですか?

姜 七五年間、北朝鮮は、米国による圧殺政策、または敵対視政策から経済制裁などあらゆる制裁を受け、戦争の脅威に苦しめられ、米国によるこのような外的な介入によって、北朝鮮はいまだ困難な状況にあります。しかし、七〇年代中頃までは、北朝鮮の経済は南朝鮮よりうまく行っていた。

——北朝鮮との関係で、韓国で右派と呼ばれる人も、朝鮮半島の統一を願っていると聞きます。ムン・ジェイン(文 在寅)大統領は、政治的に統一について言及していますが、キム・デジュン(金 大中)大統領の方法とは違うように見えます。

姜 キム・デジュンは、南北関係と平和実現を新たに始めた人です。ノ・ムヒョン(盧 武鉉)もその方向性を継承しましたが、それをさらに発展させることはできませんでした。今のムン・ジェイン政権は、ロウソクデモで生まれた政権ですから、南側の人民たちの要求を受けて、キム・デジュンとノ・ムヒョンの限界を超えて、本格的に朝鮮半島の南北関係の改善と平和統一への挑戦を実現していくという歴史的使命を担っています。

――日本の左翼の人たちとつながりがありますか？　日本には共産党もあります。特に学問をする人たちは、どちらかと言うと左派が多いと聞きます。

姜　個人的なつながりはありません。私は、その辺にとても注意しています。日本へ行っても公式的な場や行事には参加しましたが、私的に誰かに会うことはありませんでした。中国へ行った時もそうです。私的に誰かに会うと、下手するとまたあらぬ疑いをかけられたりしかねませんから……。

「国保法違反」で有罪判決

――二〇〇六年五月二六日、国家保安法違反で逮捕されましたが[7]、服役していた時は大変でしたでしょう？

姜　はい。尋問と裁判が、四七回にも及びました。

――精神的にかなりつらかったと思いますが、肉体的な苦痛もありましたか？

姜　そうです。そうでしたが、肉体的に拷問は受けませんでした。他の人たち、例えばソ・

スン（徐勝）[8]をご存知でしょうか？　この人は拷問をたくさん受けました。しかし私は、キム・デジュン政権の時に捕まりましたから、その点は大丈夫でした（笑）。

私の夢—平和生命権—

姜　未来に向けての私の夢について話をさせてください。すべての人の生存にとって最も重要なものは命です。ですから平和が一番大事です。平和に基づいた生存権、そして阻害なき自己実現です。それを踏まえて三点ほど述べたいと思います。

①　人類史における核心的で絶対的な規範を、平和（生命権）、生存権（社会経済権）、人民主体の統制権（真の民主主義、つまり人間解放と自己実現が高度化された）とする。これに関して、私は歴史的・社会的にこれまで自分の研究を通して論じてきた。戦争は、これらの人間の生存権を、何十万という人々の命を一瞬にして奪う。

②　スペイン、オランダ、フランス、英国、米国などによる三五〇年におよぶ帝国主義の世界秩序（体制）は、マヤ、インカなどの文明と人種の抹殺、貧富格差の両極端化、労働抑圧などにより、上の絶対的規範破壊の典型的な歴史である。

③　これら帝国主義の覇権による世界秩序を新たに構築し直す可能性が、中国の特色社会主義において模索されていると見る。

Chinese Socialism（中国における社会主義）を、中国政府は、「中国特色社会主義」と言っています。二〇四〇年とか二〇五〇年には、世界秩序が変わっているでしょう。世界システムが社会主義になっていると思います。北朝鮮の社会主義は、二つの大国のシステムとは違うでしょう。北朝鮮のような小国では、世界システムの対案を担うにはやはり力不足の感が否めず、中国・ロシアのような大国のみが、資本主義に代わる新たな世界システムを創出する可能性を秘めているのではないでしょうか。大きな社会主義国家も現代の資本主義社会も形を変えているでしょう。平和に基づいた生存権、そして阻害なき自己実現が守られている、そういう時代が来ることを望んでいます。

――人権に関しては、世界人権宣言を基礎として、条約化した国際人権規約は、一九六六年国連総会で採択され、一九七六年に発効、日本も批准しています。

姜　一九六六年に国連で採択された国際人権規約には、二つ、社会権規約あるいは国際人権A規約、そして自由権規約あるいは国際人権B規約があります。

私が論じているのは、最も大切に思われるさらに新しい規約が必要であるということです。それはすなわち平和生命権というものです。平和によって保障された生きる権利のことです。国際社会において、あらゆる種類の戦争から取り除かれた生命権を保障する、さらに明確な国際人権規約、あるいは条約を我々は必要としているのです。

――中国政府は、そういう方向を目指して米国と争っているとお考えですか？

姜 そうです。二〇一七年一〇月に一九次党大会で、習近平主席がそういう考えを提示しました。二〇四九年に、中国は社会主義現代化と強国化を完成させ、人類貢献時代を切り開くと宣言をして、人民たちにそれを約束しています。

――台湾や香港の問題については、どう思いますか？

姜 台湾と香港は、帝国主義による侵略の産物であり、当然元の状態に戻してやらなくてはなりません。長い歴史を通じて互いに異なる道を歩むよう強要されてきたのだから、中国本土とは異質な要素が多く、現実的には問題が多い。これを解消するための現実的で合理的な方案が、連邦制の一種である一国二制度である。

これを拒否して、台湾や香港の独立を追求することは、歴史に対する背反であり、帝国主義による侵略の正当性を代弁する所業である。香港の事態に関して、香港が第一にしなければならないことは、英国植民地の残滓《ざんし》から自らを解放する脱植民地化である。

日韓関係について

――日韓関係についてどのような見解をお持ちですか？

姜　歴史的には日本は加害者、侵略者であって、朝鮮は被害者でした。壬辰倭乱（文禄・慶長の役）でもそうでしたし、一八九四年の甲午農民戦争、つまり東学革命の時、日本は三十万人もの朝鮮人を殺しました。それから、義兵戦争、つまり日本が朝鮮の強制占領を始めてから、一九〇五年から一九一〇年の間に少なくとも五〜六万人の朝鮮人を殺しました。そして、一九四五年まで朝鮮強制占領をしましたが、その間、慰安婦、強制徴用、強制徴兵、朝鮮人に対する収奪と搾取がありました。

韓日関係において韓国が被害者で日本は加害者ですから、この歴史を清算・整理する、つまり埋め合わせるためには、被害者の立場に立たなければなりません。ところが、安倍政権になってからは慰安婦を否定したり、歴史的真実を歪曲したりしていますし、逆に朝鮮が歴史を口実に日本に対して無理な要求をしているかのように非難しているでしょう。つまり安倍政権は、歴史を歪曲しながら、朝鮮の方こそ歴史を歪曲して日本に無理な要求をしていると言っているのです。それが正に慰安婦少女像や韓国の大部分の強制徴用補償判決の問題です。つまり、安倍政権は、逆に韓国を攻撃する歴史戦争を仕掛けてきたわけです。さらに、加えて昨年には、貿易戦争も仕掛けてきたわけです。ですから、被害者の立場に立つのではなく、加害者が逆にさらに挑発的な行動に出ているのが現在の安倍政権なのです。

韓国が慰安婦少女像を建てたり、強制徴用工に対する補償判決を下したりしたことが、歴史の真実に立脚したものではない、と安倍政権は主張したいわけでしょう。慰安婦を否定しているでしょう。そのような歴史戦争や貿易戦争は、日本が亜流覇権主義を守るために行っているようにも見えます。アメリカの覇権主義に比べれば、日本の場合は東北アジアという狭い地域における覇権主義ですが、すでに亜流覇権主義は崩壊しています。

日韓関係は、東アジアで互いに協力して平和を実現するためには、共に努力しなければならない。そのような関係に進んでいくことが望ましいと思います。その中心は、中国、朝鮮、日本という、三カ国による東アジア平和経済協力体になるでしょう。ただし、その前提として、日本が歴史の真実を認めて、心からの謝罪をして、未来における相互の協力を約束しなければなりません。そうなれば、日・中・韓が協力して東アジア平和経済協力体を実現すれば、ＥＵのような体制を実現することも可能です。それこそが、最も望ましい解決策でしょう。

――ムン・ジェイン（文 在寅）大統領をどのようにご覧になっていますか？

姜　人間的には彼はとても優しく、非常に暖かな人です。こんなエピソードがあります。高校一年の時、学校で遠足に行ったそうです。他の生徒たちが遠足に行って、その場所から帰ろうとした時になって、ようやくムン・ジェインはそこに到着したそうです。何故かと言うと、クラスに身体の不自由な生徒がいたんです。その生徒に付き添って、手を引いたり背負ったりしながら行ったために大幅に遅れてしまったわけです。そのように人間味のある人です。道徳性、歴史意識、民主性、人類社会の普遍性などに、透徹した意識を持っています。

このような大統領と政権を創出したのは、ロウソク抗争のような韓国社会のダイナミズムのおかげです。米国に対してもっとはっきりと言うべきことを言って、自主的な政策を大胆に実現していかなければならないんですが、それができずにいるために、ロウソクデモに参加した人たちの多くは不満を高めています。

――韓国で『反日種族主義』という本が二〇一九年に刊行されました。日本でも翻訳され、両国でベストセラーになっています。

姜　『反日種族主義』は読んでいません。こういう人々を私たちは「親日派」と呼び、このような主張が典型的に親日派によって主導されてきました。ノ・ムヒョン（盧 武鉉）、ムン・

ジェイン政権で反日的・反米的歴史が問題になることで、これに対する反対給付として登場したのが反日種族主義の言説だと考えます。ムン・ジェイン政権やロウソクデモを主導した人たちが要求していることは、韓日間の正しい歴史関係を確立して、間違った過去の歴史を清算しようということなのですが、それをあたかも閉鎖的な民族主義であるかのように捉え、さらには種族主義として貶めるという言説体系が反日種族主義と言えるでしょう。

朝鮮の民族主義はファシズム民族主義ではなく、閉鎖的民族主義でもなく、自民族至上主義でもありません。私たちの民族主義は抵抗する民族主義であって、民族のアイデンティティと民族の統一を実現するためには、民族主義という理念はどうしても必要なのです。排他的民族主義を追求するのではありません。こういう私たちの民族主義を閉鎖的で排他的な民族主義、つまり反日種族主義のように見ることは、とんでもない歪曲としか思えません。

アメリカが朝鮮半島にもたらしたもの

姜　これについては話さなければならないでしょう。米国こそが朝鮮半島の分断と冷戦と戦争と南北敵対といった構造を作った主犯です。日本は、そのような米国の犯罪に対する幇助犯です。韓国の軍事力や軍事費は世界の十位以内なんですが、どうして私たちにこのような軍事力が必要なのでしょうか。これは米国によって強要されたものなのです。米国が中国包囲網を作るために、新冷戦戦略のために、韓国を新冷戦の前哨基地にするためにやっていることなのです。

韓国の立場では、地経学的に、つまり地理的・経済的に中国との密接な関係が必然的なんです。二〇一九年の韓国の輸出は、中国が二五・一パーセント、米国が一三・五パーセント、日本が五パーセント、中国に香港を合わせると三一～三二パーセントになります。韓国は経済的側面では、中国との関係を緊密にせざるをえません。ですから、中国と米国の間で韓国は、二進《にっち》も三進《さっち》もいかない大変困難な状況にあります。

しかし、韓国が追求する平和、統一、自主のためには、今や米国と思い切って手を切らなければならない、そういう時期が来たということです。韓国は解放以後に作戦統制権を米国に握られたまま、一度もそれを行使したことがありません。

マックス・ウェーバーは、「国家とは暴力手段の排他的独占権だ」と言っています。この国家の定義によると、韓国は国家ではありません。このような異常の極致を一日でも早く崩壊させることが私たちの平和のためであり、統一のためであり、主権のためなのです。

ところが残念なことに、安倍政権は、二〇一七年に日米新防衛ガイドラインを締結し、日米軍事一体化を実現してしまいました。そして、集団的自衛権、平和憲法の改憲、このような反平和的な政策を、全的に米国の政策を推進し、米国の要求に全的に応えています。これは、日本のためにも、韓国のためにも、東アジアのためにも、世界のためにも決して望ましいものではありません。日本と韓国は、より平和志向的な方向にエネルギーを注ぐべきであり、協力していくべきなんです。

——日本国内では、二〇一〇年六月自民党から民主党へ政権が変わりましたが、二〇一一年三月に東日本大震災があり、福島原発事故が起こりました。二〇一二年一二月の総選挙で自民党が圧勝し、安倍政権が現在まで続いています。

姜 福島原発事故が起こる前に、鳩山首相が失脚したでしょう。鳩山の失脚は、米国とイ・ミョンバク（李 明博）政府の合作だと、私は考えています。天安艦沈没事件[9]を知っていますね。あの事件は、北朝鮮が起こしたものでは全くないのです。事件が起こってから国防長官が国会で証言する時、イ・ミョンバク大統領から「あまり北朝鮮の仕業だと話さないように、まだ証拠もないじゃないか」と注意されたんです。

ところが、一ヵ月ほどすると、完全に北朝鮮の仕業だと米国と韓国が口裏を合わせて、北朝鮮による攻撃だと決め付けたのです。そういう経緯から、先ほど話したように韓国が三日に一度ずつ軍事訓練をするようになったのです。そして、米国の空母が西海に入ってくるようになったのですが、これは史上初のことです。このようにして戦争の雰囲気を醸成しながら、東アジア危機論が登場したのです。

対米従属から新華夷秩序へ

姜　中国と朝鮮の関係を「華夷秩序」と言いますが、この秩序は、つまり中国と周辺国家の間で朝貢と冊封を行っていましたよね。昔から韓国だけでなく、中国のあらゆる周辺国家が行っていたことですが、中国が天下の秩序を規定し、周辺国家がそれを尊重すると、中国はそれら周辺国家に対して平和と内政不干渉を保証していました。このような中国中心の秩序のもとで、東アジアは、ヨーロッパに比べて戦争が少なかったわけです。朝鮮と中国の関係は、まさに平和を保障することであったのであり、これは大変重要なことです。壬辰倭乱（秀吉の朝鮮出兵）の、一五九二年にも、明が朝鮮の平和のために参戦し、また、日清戦争の時も、朝鮮を保護するための措置として清が介入して、日本との戦争に発展したわけです。朝鮮戦争の時も、北朝鮮が完全に敗戦濃厚になった時点で、ようやく中国が介入したわけです。

もし中国のこのような防御壁がなかったならば、北朝鮮はすでに、米国による圧殺政策によって崩壊していただろうと思います。華夷秩序は今でも続いていて、これは必ずしも支配と隷属の関係ではなく、ギブ＆テイクの関係なのです。そのように認識する必要がありますし、その点で中国を、米国のような覇権国家と認識してはならないということです。

――中華文化圏の一つとして朝鮮の歴史的状況についてどう思いますか？

姜 歴史的に中国文化圏の影響を受けたということであって、朝鮮は中国文化の一部分ではありません。朝鮮は、自身の文字であるハングルを創ったのであって、独創的な文化を築いてきました。庭園も、朝鮮は日本や中国とは異なり、最も自然との調和を成す庭園文化を築いてきました。

――歴史的に見ると、日本も同じように中国の華夷秩序の中にあったでしょうが、現在も、中国は日本に対してもこのような秩序の内にあると認識していると思いますか？

姜 日本は、英国と米国の助けを借りて明治維新を起こし、そして帝国主義国家の仲間入りを果たしました。今後、中国中心の世界秩序になると、日本は今までのやり方を、一八〇度方向転換しなければならなくなるでしょう。私は、日本の民族性が、つまり日本人がうまくやってきたから、日本が早い時期に近代化したというふうには思いません。世界体制、つまり、米国、英国の帝国主義の秩序の中で、地政学的に日本がそういう帝国主義の側とうまく手を携えながら成長できる機会を得たわけですが、いまや帝国主義の世界体制が崩壊しつつあります。ですから、これ以上日本の今までのやり方が可能でもないし、また望ましくもないのです。

――民主党政権時、日本も中国側にシフトしようという動きがありました。

姜　そうですね。小沢一郎が国会議員三〇〇人を連れて中国を訪問しましたね（小沢訪中団、二〇〇九年一二月）。東アジアの平和や経済のためには、あれは正しい行動だったと思います。

――韓国と中国の関係についてどう思いますか？

姜　伝統的な華夷秩序の中での共存体制が今まで続いている。朝貢と冊封という中国主導の世界秩序の規範を尊重するならば、中国は周辺国の平和と自主を保障する。一五九二年の壬辰倭乱の際の明の援軍、朝鮮戦争での中国軍の介入。戦後の米軍による対朝鮮圧殺策動に対して、中国は、予防線の役割を果してきました。仮に中国と朝鮮の密着的関係がなかったとしたら、朝鮮が米国の圧殺政策下で生き残ることはできなかっただろうと思います。

――韓国は、地理的・経済的に中国との密接な関係が必然であるということですが、今後の東アジアをどのようにお考えですか？

姜　人類史の絶対的な規範と言える平和生命権と生存権の次元で、韓・中・日それぞれの立場を理解し、それに基づいてＥＵのような新たな東アジア平和協力体を模索することが必要であり、それはまた可能だと思います。

註

1) 反政府ゲリラのこと。姜氏は、「南韓の社会主義者」と言っている。

2) 一九四九年六月、韓国において、左翼系人物を転向させ別途管理しようとする目的で組織された団体。

3) 「ホドウ連盟に入ったら、食べ物がもらえるよ」と言って勧誘したと言われている。よって、ノンポリの市民も参加していた。

4) ウォルター・リップマン（一八八九〜一九七四）、米ジャーナリスト。

5) 韓国ではこのように言われていた。○○学部○○学科で○○を専攻すること。

6) 一九五五年、六三年、七二年（マルコス政権）、八八年（アキノ政権）。

7) 「韓国戦争は統一戦争」という趣旨の文章で論議を呼んだ東国大学教授のカン・ジョング被告が二六日、煽動的な親北朝鮮主張を行ったという理由で、有罪判決を言い渡された。しかし判決は、韓国社会は姜教授の主張を論争によって正すほどに成熟しており、有罪判決だけでも意味があるという理由をあげ、姜被告に執行猶予を宣告した。ソウル中央地方裁判所刑事四単独の金鎮東（キム・ジンドン）判事は、二六日、インターネット・メディアに北朝鮮寄りの文章を寄稿した容疑（国家保安法違反）で起訴された姜被告に、懲役二年、執行猶予三年、資格停止二年を言い渡した。刑が確定されれば、姜被告は、国家公務員法と私立学校法によって、教授職を失うことになる。姜教授は現在、職位解除された状態だ。

・大韓民国の永続性を否定

判決は、姜教授が、二〇〇〇年一〇月から昨年七月まで、各種メディアに寄稿した文章やシンポジウムの発表内容八件、姜教授のその他の著作について、「冷徹かつ合理的な学問的テーマではなく、刺激的で煽動的な親北朝鮮の主張だ」とした。また、「韓国戦争に米国が介入しなければ、一カ月以内で戦争は終わっていたはずだという被告の推論は、米国など国連連合軍の参戦がなければ、北朝鮮の赤化統一により、現在の大韓民国が存在していないことを意味する」指摘した。このような主張は、大韓民国の永続性を明らかに否定するにもかかわらず、姜被告はその結果が正当だと主張しているというのが、裁判所の判断だ。そして、「被告は、法廷でも犯罪事実と類似の主張を曲げておらず、厳格な司法判断が必要だ」と言い渡した。

・韓国の自由民主主義体制は健全

判決文は、「被告の主張が、自由民主的基本秩序を脅かす可能性は、過去に比べて相対的に低いと考えられ、（韓国社会が体制に対する）健全性と自信を持っており、有罪を宣告するだけでも、処罰の象徴性はある」とした。そして、「民主社会で、主張や表現の害悪を正すことは、一義的には思想の競争市場に一任されるべきであり、国家の介入は、その害悪が深刻な場合に制限されなければならない」とし、「被告の犯罪事実として適用された国家保安法の規定（称揚鼓舞、利敵表現物の製作）について、改廃論議が進んでいた点などを考慮すれば、実刑の宣告はいき過ぎだ」とし、執行猶予の理由を説明した。（「東亜日報」より）

8) 一九四五年生まれ、在日二世。元立命館大学教授、コリア研究センター長。一九七一年、ソウル大学留学中、スパイとして国家保安法違反容疑でＫＣＩＡに逮捕。自殺をはかり、火傷を負う。

9) 韓国哨戒艇沈没事件。二〇一〇年三月二六日、大韓民国海軍の浦項級コルベット天安が朝鮮半島西方黄海上の北方限界線（ＮＬＬ）付近で沈没。乗組員一〇四名のうち四六名が行方不明。

洪 秀煥（ホン・スファン）

韓国ボクシング委員会（KBC）会長、元ボクシング世界チャンピオン。

1950年、ソウル生まれ。1969年、キム・サンイル戦でデビュー（4R引き分け）、1971年、韓国バンタム級タイトル獲得、1974年、世界タイトルを獲得（南アフリカ）、WBA世界バンタム級チャンピオンのアーノルド・テイラーに15回判定勝ち、1977年、WBAジュニアフェザー級（スーパーバンタム級）初代王座決定戦で優勝、エクトル・カラスキリャ（パナマ）に2回に4度のダウンを喫しながらも三回逆転KO勝利し、二階級制覇を達成、「四転五起神話」。1980年、引退し解説者に。2007年、韓国拳闘人協会初代会長に就任、2012年、韓国ボクシング委員会会長に就任。妻は歌手の玉姫さん。

裕福な鉱山経営者の家に生まれ、成績優秀で、他の兄たちのように、エリートの道を歩むはずであったホン・スファン（洪 秀煥）さんは、見えない縁に導かれボクサーの道へと進んだ。

ホンさんを兄と慕う金子健太郎さん（金子ジム会長）は、「ホンさんはボクサーとしても、人間としても一流です。アウトボクサーで、ディフェンステクニックや足の使い方、距離等基本をしっかり押さえ、自分で身につけたクレバースタイルを持っています。実戦での経験と綿密な研究から構築した独自のボクシングのノウハウを伝授していただきました。ソウルで出会ってから意気投合し、話す度、学ぶことが多いです」と語る。

インタビューの後、夕食を共にした。食堂で、ホン選手を見つけた韓国の人々は握手を求め、お酒を注ぎ、乾杯した。チャンプは全く嫌な顔をせず、サインや写真撮影に気さくに応じていた。類まれな才能と努力で、若い頃から世界を見てきたチャンプは、日韓関係をどのように捉えているのだろうか？「今この時を、目の前のことに集中します」と韓国語のわからない私のために、英語と日本語を交えて答えてくれた。

インタビューは、二〇二〇年二月一五日、韓国拳闘人協会ビル[1)]（ソウル）にて行われた。

世界チャンピオンはどのようにして生まれたか？

——どんな少年でしたか？

洪　家族は、父、母、子どもは七人、四人の息子そして三人の娘です。皆よい教育を受けています。両親は、私にも勉強させたかったのです。家族の中で、ボクサーは私一人だけです。私が一四歳の時、父は五十歳を目前にして亡くなりました。母は女手一つで子どもたちを育ててくれました。強い母です。中学生の時は野球をやっていました。野球がすごく好きでした。

——なぜボクシングを始めたのですか？

洪　それはもう運命です。家の前にボクシング選手のキム・ジョンホ（金 俊浩）さんが住んでいました。小学四年生の時に彼に会いました。父がボクシングの熱狂的なファンでした。後に、彼が私をチャンピオンにしてくれました。父と一緒にボクシングの試合を見て、感動しました。フロイド・パターソンのファンになりました。ボクシングのグローブが好きでした。

ボクシングを始めて、アマチュアで二回負け、高校三年生の時、一九歳でプロボクサーになったのですが、引き分けでした。それまでの成績から、次は負けられないと思っていました。プロとして負けることは、許されないことでした。

母の「大韓國民万歳！」

――二回世界チャンピオンになっていらっしゃいます。

洪 一九七四年南アフリカでＷＢＡ世界バンタム級チャンピオンのアーノルド・テイラーに勝ちました。国際電話で「おっかさん 私がチャンピオンを食った！」（엄마야 나 챔피언 먹었어）と母に報告しました。母は「大韓國民万歳！」（대한 국민 만세）と喜びました。国ではなく、國民万歳と言ったんです。ＭＢＣ（韓国文化放送）が私たちの会話を録画し、放映しました。韓国の人々はそれを見て驚き、心から感動したそうです。当時、韓国の社会状況が悪かったので、韓国人が世界チャンピオンになったこと、そして「國民万歳」と言った母の言葉が、皆を勇気づけたのだと思います。私よりも母の方が有名になったのではないでしょうか（笑）。

――お母さまの名言と共に、ホンさんは一躍国民的英雄ですね。

洪 同じ一九七四年には、モスクワで開催された第五回チャイコフスキー国際コンクールで、ピアニストのチョン・ミョンフン（鄭明勳）が第二位になりました。パク・チョンヒ（朴正熙）大統領夫人が殺害された文世光事件もありましたので、ピアニストの受賞や私の優勝は、韓国の人々を元気づけたのだと思います。

次に世界チャンピオンになったのは、一九七七年、パナマで行われたＷＢＡジュニアフェザー級（スーパーバンタム級）初代王座決定戦で、一七歳のエクトル・カラスキリャ（パナマ）との試合です。二回に四度のダウンを喫しながらも三回逆転ＫＯ勝利し二階級制覇を達成することができました。その戦いぶりは「四転五起神話」と言われました。

練習は不可能を可能にする

――勝つためには何が必要でしょうか？

洪　練習が一番。練習がないと根性も育たない。一日は二四時間です。集中で二時間、朝一時間集中、そしてリラックス、体も心も。午後にまた一～二時間集中、一日に五～八時間位毎日練習していました。練習するとガッツが出てくる。練習しないと、スタミナがないと、チャンスが来てもわからない。二～三時間集中して練習すれば、誰でも世界チャンピオンになれます。

ボクサーにとって身体を作ること、減量がすごく大変です。スピリットがないと無理です。

プロであれば、他のボクサーに比べ、皆が見ています。身体が資本です。ダメな選手は練習しません。身体も作りません。

——日本でも、明仁上皇の皇太子時代の教育係だった小泉信三先生が、「練習は不可能を可能にす」と言っています。

洪 そうです。練習、練習、練習すれば結果がついてきます。精神力も同時に鍛えられます。ちゃんと練習をしていれば、チャンスが来たとき、つかめるんです。

人生も全く同じです。朝起きたら、目を開けて、戦わなければならない。皆それぞれ戦う場所は違うけれど、弁護士でも、医師でも、教師でも、ビジネスマンでも、商人でも、どんな仕事をしていても同じです。真剣勝負です。何が違いますか？

——その強靭な精神力は、どこで養われたのでしょうか？

洪 最初の試合で負けたことが一つです。もっと練習しければならない、そしてどうしても勝ちたい、と思ったのです。もしも最初から勝っていたら、勝つことの喜びがわからなかったと思います。

もう一つは、父の死です。父は若くして亡くなった。私はまだ一四歳でした。その時、父の大好きなボクサーになりたいと思いました。自然とファイトが沸いてきて、ボクシングスピリットが生まれたのです。いつも天国で父が見てくれていると思います。戦う前後、父のところへ行き、何百回も父と話しました。「勝たせてください。ここにあなたの息子がいます。あなたはボクシングが好きでした。あなたの思いに従った息子です。勝たせてください」とお願いしました。勝ったら、大きなトロフィーを彼に捧げました。今も父は見てくれていると思います。母は、とても強い人です。強くて厳しい。父は、母を操れなかったと思います。だから、若くして亡くなったのではないかと思っています（笑）。私の妻は歌手ですが、私の母と同じくらい強いです（笑）。これはもう私の運命です。

もちろん勝った試合ばかりではありません。負けた試合もありました。例えば、九州の大分で牛若丸原田[2)]に負けた。判定負けでした。しかし負けは負け。でも、負けから学ぶこともあります。レッスン（教訓）をくれた。もし負けたら、どうして負けたのかと考えるでしょう。ボクシングは、死亡事故もあるスポーツです。選手は命がけです。パンチドランカーでダメージを受けることもあります。

日本とのつながり

――日本の思い出を教えてください。

洪　一九七〇年、万国博覧会の時、大阪へ行きました。私を見た人がびっくりして、「アー顔が!?」と。その時負けて体中が真っ赤に腫れていました。「私はボクサーです」と説明しました（笑）。

日本には家族と言える友人がいます。金子繁治（一九三一〜二〇一六、プロボクサー）さんファミリーです。金子ジムは、息子の健太郎さん、賢司さんが後を継いでいます。奥さんの延子さんには大変お世話になりました。素晴らしい家族です。今でも家族ぐるみで親しくお付き合いをしています。日本に行く度に会うのを楽しみにしています。

日本は島国です。日本人は努力家で、海に囲まれているからこそ、世界に出ていく力がある。素晴らしいと思っています。日本は大好きで、今も毎年訪問しています。若い頃、川崎にボクシング留学していたこともあります。当時から日本はボクシングでも先進国でした。

――日本でもボクサーを指導されましたが、何が大切ですか?

洪　真実です。心で教えたら、心で答えてくれる。と同時に大事な友達になる。日本でも金子ジムで新田渉世選手などの若い選手を指導しました。新田選手は、第三二代東洋太平洋バンタム級チャンピオンになりました。

真実の練習が必要です。そして時々、寅式です。タイガーのように強く、厳しく指導します。指導は嘘がない。教えるとそのまま反応が帰ってくる。私はそういうやり方が好きです。ボクシングも人生と同じです。

赤ちゃんに話す時でも、その赤ちゃんを尊重すべきです。いつも目の前にいる相手を尊重しています。尊敬の気持ちがなければ、指導することはできません。

――ご自分の人生で、大切にされている言葉は何ですか？

洪 respect（敬意）、love（愛情）、humbleness（謙虚さ）です。

日韓関係について

――日韓関係についてどう思いますか？

洪 人間は同じです。どんな所へ行っても、どの国でも、悪い人は悪いし、いい人はいい。日本、韓国と言っても無意味です。正直に言って、言うことは何もありません。どこに行っても同じだからです。私はボクシングの試合で世界中いろんなところに行き、いろんな人に会うチャンスがあり、いろいろな経験をしてきました。だから、わかります。

アメリカの民主主義と韓国の民主主義は違います。隣には中国、北朝鮮、そして日本がある。地政学リスクがある。フランス、アメリカ、日本、それぞれ違う。

――ご両親は日本の植民地時代を生きていらしたと思います。

洪　どこも同じです。イギリスはインドを、フランスはアフリカを、あの時代、どこの国も植民地化政策をしていた。戦争はもういらない。力はスポーツに昇華すべきだ。強い軍隊が平和をつくると考えています。なぜ日本の自衛隊は小さいのですか？　私にはわかりません。兵士が人々を守ってくれているのです。兵士がいなくてどうやって平和を保てるのか？　アメリカ、中国は、軍隊に莫大なお金をかけている。

――韓国には兵役があります。軍隊は必要でしょうか？

洪　はい。国民は軍隊のために高い税金を払っています。だから軍隊は人々を守る義務があるのです。

註

1)　韓国ボクシング委員会（Korea Boxing Commission）のあるビル。このビルのオーナー、キム・キス（金基洙、一九三九～九七）氏は、韓国初のボクシング世界チャンピオン。

2)　原田勝広（一九四七～二〇一六）、日本チャンピオン。ファイティング原田の弟。

私が日韓関係の問題に強く関心を持つようになったきっかけは、薩摩焼、十五代沈壽官（大迫一輝）さんへのインタビューだ。鹿児島で活躍されている陶芸家・沈壽官さんをご存知だろうか。彼の作品には、生と死の境界に息づく一瞬の命の輝きが吹き込まれている。一九九五年、十五代を襲名し、陶芸作品制作に打ち込む傍ら、ニューヨーク、パリ、ソウルをはじめとした世界各地で個展を開催するなど意欲的に活動されている。沈さんへのインタビューは、緊張感溢れるものであった。彼は自身の内面を深く掘り下げ、心の奥底に澱む形のない想いを、一つ一つ言葉として紡いでいった。

拙著『与古為新』（二〇一四）、『与古為新Ⅱ』（二〇一九）（南日本新聞社、櫻井芳生との共著）は、鹿児島にご縁のある方々にインタビューを行い、若者たちに応援メッセージを贈るという趣旨のプロジェクトであった。タイトルは、「古きに与り新しきを為す」という唐の詩人・司空図（八三七～九〇八）の箴言によるが、また、アマルティアセン教授（インドの経済学者、一九三三～）の「古いことにかかわりつつ新しいことを行う」からも着想を得ている。

沈さんへのインタビューの中で、日本と韓国の間における根深い対立についても質問を投げかけてみたところ、彼は真摯に答えてくださった。私にとっては、彼の見解は至極真っ当なものに思えたが、なぜか編集者の意向により掲載されなかった。これが私の身に降りかかって来た日韓問題への関心の端緒となった。日本の言論空間において、「日韓問題」はタブーとまでは言わないまでも、どことなく不自由な空気が瀰漫しているのではなかろうか。そして、この時の後味の悪さが引き金となって、日韓問題は実はどうなっているのか、自分自身の目と耳で確めてみたい、と強く思うようになったのである。

このインタビューは、東京都立大学・哲学科時代の旧友、後藤信之（弘益大學校助教授）、李憲彦（ドキュメンタリー作家）、梁億寛（翻訳家）、の三氏の協力なしには進めることができなかったであろう。後藤氏は韓国の大学で教鞭を取り、李氏は在日コリアン三世の映像作家であり、梁氏は韓国在住の韓国人で、村上春樹・村上龍・東野圭吾などの翻訳で日韓文化交流に貢献している。今まで特に意識したことはなかったのだが、実は私の周りにはすでに、韓国と縁の深い人々がいたのだということに、改めて気づかされた。

彼らは、「これは、あなたにやれということだよ」と私の背中を強く押してくれた。そして、私がときおり投げかける無理難題にも、快く応じてくれた。

この旅の終わりに、ソウルで、脱北者の若者に出会った。インタビューはかなわなかったものの、食事をしながらのひとときを過ごすことができた。彼は、現在韓国の大学で学んでいる。高校生の頃脱北し、豆満江《トマンガン》（北朝鮮と中国、ロシアの国境地帯を流れる川）に胸までつかって、中国との国境を渡り、延平（中国・福建省）から第三国を経由して韓国へ入国した。今では、韓国民として生活している。中国では脱北者とわかれば、すぐに当局によって捕まってしまう。中国のある中学校で、自分は北朝鮮から来たこと、中国語を勉強したいことを伝えると、校長が黙って受け入れてくれたという。いろいろな人に導かれ、支えられて、今の自分があるのだと語っていた。韓国の場合、脱北者は兵役を免除されているそうだが、彼は自ら進んで義務を果たそうと考えている。兵役は、北朝鮮では一二年、韓国では二年だそうだ。

脱北した女性は、川を超えると身売りされること、脱北によってに丸ごと消えてしまった村があること、また、お金がないと脱北できないこと、北朝鮮には冷蔵庫や洗濯機がありペットも飼えるような裕福な家もあるということ、貧しい家庭の子どもは食事が取れないため、顔が腫れていることなど、北朝鮮の暮らしぶりや裏事情についても具体的に教えてくれた。

彼は、韓国で高校卒業検定試験の準備をしながら始めたボランティア活動を、今も続けている。それは、親からの虐待を受けた子どもたちと一緒に過ごすというものだ。

ある時、韓国の若者に、「私は北朝鮮から来ました」と勇気を出して告白したところ、全く関心を示されなかったという。そのことに彼は驚いた。「韓国の若者は自分のことしか興味がない。ここはお金がないと何もできないシステムになっている」と、哀しそうに語った。彼は、奨学金をもらっているので、頑張らねばという気持ちが人一倍強い。「南と北が統一した暁には、北に帰って友に会いたい」とも語っていた。彼の夢は、日本に留学することだそうだ。私は、その夢を是非かなえてほしいと、心から思う。

最後に、このインタビュー集のためにご協力いただいたすべての方々に、この場を借りて心から感謝申し上げる。長時間にわたるインタビューに快く応じてくださったインタビュイーの皆さま、本書には掲載はできなかったが、率直なご意見を聞かせてくださった皆さま、都立大の哲学科時代の友人たち、後藤信之さん、李憲彦さん、梁億寛さん、本書作成にあたり尽力してくださったエディトリアルライターの平盛サヨ子さん、三笠書房の本田裕子さん、文字起こしでお世話になった竹下さおりさん、伏流社の小林英樹さんに感謝したい。

令和三年三月吉日　雪解けの春に　　櫻井　庸子

テキストデータ引換券

視覚障害者の方およびその関係者の方には、ご希望により、本書のテキストデータを提供いたします。

本頁を切り取り、住所・氏名および送付先のメールアドレスを明記し、下記まで郵便で送って下さい。到着後、メールにてテキストデータをお送りいたします。

〒113-0034　東京都文京区湯島１－９－10
湯島ビルディング103
有限会社　伏流社

住　所

氏　名

電話番号

メールアドレス

※アドレスはわかりやすく書いて下さい。
１とｌ（イチとエル）、０とＯ（ゼロとオー）、ｕとｖ（ユーとヴィ）、-と—と_（ハイフンとダッシュとアンダーバー）等、紛らわしいものにつきましては仮名にて添え書きをお願いいたします。

伏流社

キリトリ線

編者（聞き手）プロフィール

櫻井　庸子（さくらい　ようこ）

北海道生まれ。

鹿児島大学大学院修士課程修了

思想がどのように形成されるのか解明すべく、インタビュー活動を行っている。

日韓潜流

－韓国人のリアルボイスを聞け－

令和３年３月31日　初版発行

編　者　　櫻井　庸子

発　行　　有限会社　伏 流 社

東京都文京区湯島１－９－１０

電話　03（5615）8043

Fax.　03（5615）9743

印刷・製本　（株）シナノパブリッシングプレス

検印省略

落丁・乱丁はお取り替え致します。

定価は、カバーに表示されています。

ISBN978-4-9910441-5-1 C0095